Sabine Lohf

Das große Buch vom
BASTELN
und SPIELEN

4. Auflage 2022

Copyright © 2013 Gerstenberg Verlag, Hildesheim
Alle Rechte vorbehalten

Idee, Konzept & Text: Sabine Lohf
Fotos & Gestaltung: Sabine Lohf
Satz & Litho: typocepta, Köln
Druck: TBB, a.s., Banská Bystrica
Printed in the Slovak Republic

www.gerstenberg-verlag.de

ISBN 978-3-8369-5747-2

Schneiden, Falten, Kleben, Anmalen, Hämmern, Nähen – Basteln ist ein Riesenspaß!

Und das Beste an den Basteleien in diesem Buch ist: Sie sind nicht nur zum Anschauen da! Du kannst auch wunderbar mit ihnen spielen, dir Geschichten dazu ausdenken, Musik damit machen und noch vieles mehr.

Ist es draußen dunkel? Dann kannst du deine Fensterbank im Nu mit schönen Tütenlaternen schmücken. Oder du bastelst dir deinen eigenen Kuscheltierzoo und machst es dir damit gemütlich. Hast du schon einmal Klettendart, Zapfenkegeln oder Wäscheklammerfußball gespielt? Vielleicht magst du dir auch eine Riesen-Pappburg bauen und darin mit Figuren aus Knete spielen? Oder du stellst aus einem Brett und ein paar Nägeln einen Klickerhasen her und gibst ein Küchenkonzert.

Auf den folgenden Seiten findest du viele bunte Bastelideen, lernst unterschiedliche Materialien kennen und wirst Schritt für Schritt mit nützlichen Techniken vertraut gemacht. Bei kniffligeren Bastelanleitungen ist es manchmal gut, sich am Anfang von einem Erwachsenen helfen zu lassen. Mithilfe dieser Grundlagen kannst du auch eigene Dinge erfinden. Dein Korkfloß, deine Kartoffel-Karawane und deine Stoffpüppchen müssen nicht genauso aussehen wie auf den Bildern. Dann wären es ja nicht deine eigenen! Leg einfach los und lass deiner Fantasie freien Lauf.

Vielleicht lädst du auch mal ein paar Freunde ein! Gemeinsam ist es besonders schön, sich etwas auszudenken und einen gemütlichen Bastelnachmittag zu verbringen.

Viel Spaß beim Basteln und Spielen!

Inhalt

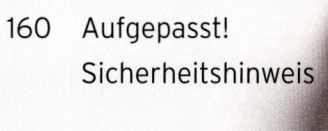

Bastelmaterialien

Basteln kannst du mit ganz vielen Dingen. Vielleicht findest du so manchen Schatz schon bei dir zu Hause. Auf Sammeltour nach geeigneten Materialien zu gehen macht bereits viel Spaß. Verstau deine Funde in einer Sammelkiste. Und für das, was fehlt, legst du dir am besten eine Einkaufsliste an.

Einkaufsliste

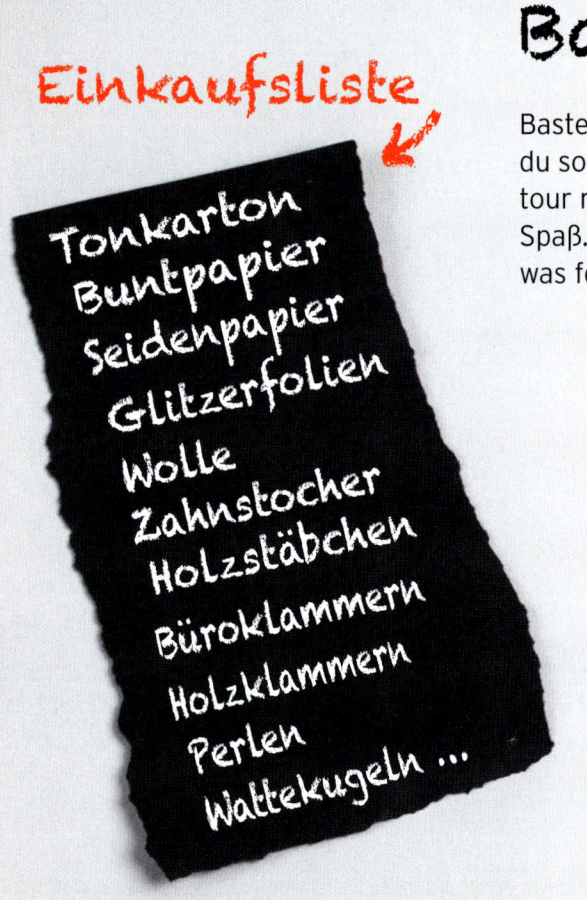

Tonkarton
Buntpapier
Seidenpapier
Glitzerfolien
Wolle
Zahnstocher
Holzstäbchen
Büroklammern
Holzklammern
Perlen
Wattekugeln ...

Sammelkiste

Holzstücke, Zweige, Tannenzapfen, Muscheln, Federn, Steine, leere Eierpappen, Stoff- und Filzreste, Geschenkbänder, Streichholzschachteln, Wein- und Sektkorken, Bindfaden ... Sehr viele Dinge sind zum Basteln geeignet und zum Wegschmeißen viel zu schade!

Die wichtigsten Bastelwerkzeuge sind deine Fantasie und deine Hände. Ansonsten brauchst du fast immer eine Schere und einen Cutter, eine Unterlage zum Schneiden und Malen, Klebstoff und Klebeband, Bleistifte, Buntstifte, Filzstifte, Farben und Pinsel. Andere Werkzeuge wie z. B. ein Holzbohrer oder ein Schraubenzieher sind ebenfalls sehr nützlich.

Papier

Papier ist ein tolles Spiel- und Bastelmaterial. Aus einem einfachen weißen Blatt entstehen mit wenigen Handgriffen richtige Objekte wie ein Hut oder ein Flieger. Ist das nicht faszinierend? Papier lässt sich ohne jedes Werkzeug knüllen, reißen oder falten. Dadurch ergeben sich Hunderte Möglichkeiten zum Gestalten. Für einige Falttechniken brauchst du anfangs etwas Geduld. Aber ein Briefumschlag wie auf Seite 26 lässt sich ganz leicht selbst machen.

Holz

Hämmern wie ein echter Handwerker – das kannst du mit Holz, Nägeln und einem Hammer üben. Lass es dir zunächst von einem Erwachsenen zeigen und beachte auch den Sicherheitshinweis hinten im Buch. Holzreste findest du vielleicht bei dir zu Hause, du bekommst sie aber auch beim Tischler oder im Baumarkt. Mit etwas Übung schaffst du es bald ganz alleine, Figuren wie den Klickerhasen auf Seite 77 zu hämmern.

Stoff

Eine Kiste mit vielen bunten Stoffresten ist etwas Tolles! Du kannst die Stoffe zusammenknoten, zurechtschneiden, damit weben und nähen. Aus Stoffresten und Geschenkbändern kannst du Könige mit wunderschönen Kleidern basteln oder einen fliegenden Teppich zaubern.

Kork

Flaschenkorken sind ideal, um kleine Männchen, Roboter, Tiere oder Fantasiefiguren zu fabrizieren. Korken lassen sich kleben, schneiden, bemalen und zusammenstecken. Das ist manchmal eine echte Fummelarbeit und erfordert etwas Übung. Lass dir anfangs von einem Erwachsenen helfen, die Korken zu schneiden und Löcher hineinzubohren.

Pappe

Wellpappe, Schachteln, leere Haushaltsrollen ... Daraus kannst du die unterschiedlichsten Objekte gestalten, zusammenkleben und bemalen. Streifen aus Wellpappe werden zu Rädern für Fahrzeuge aufgerollt oder auch zum dicken Bauch und Kopf eines Elefanten wie auf Seite 44/45.

Naturschätze

Das Basteln mit diesen Materialien beginnt mit einem Spaziergang in der Natur. Zu jeder Jahreszeit gibt es etwas, das du sammeln und verändern kannst. Aus Blumen, Blättern, Ästen und Kastanien entstehen kleine Kunstwerke, die zwar vergänglich sind, aber mit denen du dir die Natur das ganze Jahr über nach Hause holen kannst.

Knete

Nichts ist leichter als Basteln mit Knete! Rollen, kugeln, ausstechen und backen – das alles kannst du mit Knete und Modelliermasse machen. Vielleicht hast du Spaß daran, möglichst viele klitzekleine Dinge zu formen wie z. B. das Obst für den Marktstand auf Seite 131? Und wenn du etwas Neues gestalten möchtest, machst du aus der Knete einfach wieder eine Kugel und beginnst von vorn.

Natürlich kannst du auch alle Bastelmaterialien miteinander kombinieren. In diesem Buch findest du dafür immer wieder Anregungen. Aber du hast bestimmt noch viel mehr Ideen!

Tipps und Tricks

Hier findest du noch ein paar nützliche Hinweise.

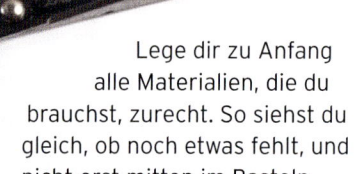

Lege dir zu Anfang alle Materialien, die du brauchst, zurecht. So siehst du gleich, ob noch etwas fehlt, und nicht erst mitten im Basteln.

Ein großes Holzbrett, am besten eine Tischlerplatte aus dem Baumarkt, ist eine ideale Bastelunterlage. Du kannst darauf malen und mit dem Cutter schneiden.

Wenn du mit mehreren Freunden malen möchtest, lohnt es sich, große Flaschen Abtönfarbe zu kaufen.

Wasche Pinsel nach dem Malen mit warmem Wasser und etwas Spülmittel aus.

Als Palette eignet sich ein Pappteller sehr gut. Darauf kannst du Farben klecksen und mit dem Pinsel mischen.

Willst du kleinere Dinge, wie z.B. einen Korken, anmalen, pikse einen Zahnstocher hinein und drehe den Korken damit.

Gebrauchtes Geschenkpapier und Schleifen sind zum Wegwerfen viel zu schade. Falte und streiche sie schön glatt und hebe sie in deiner Sammelkiste auf. Wer weiß, wofür du sie einmal gebrauchen kannst!

Mit einer Zackenschere kannst du Zähne für Krokodile und Monster oder Muster ausschneiden.

Um Papier zu rollen, wickle es fest um einen Bleistift.

Klebestellen wie bei dieser Papierrolle fixierst du am besten mit Holz- oder Büroklammern, bis der Klebstoff getrocknet ist.

Für eine Königskrone oder Ringe nimmst du einen Streifen Papier, ...

... rollst ihn auf und klebst die Kanten zusammen.

In den oberen Rand schneidest du mit der Schere Zacken oder andere Muster – fertig!

Wenn du keinen Klebstoff zur Hand hast, kannst du Bastelеien so über Kreuz mit einer Schnur zusammenbinden.

Zeichne Kreise mit einem Zirkel vor und schneide sie dann aus.

Du kannst den Kreis auch um einen kleinen Topf oder ein Glas herum zeichnen.

Papier

Aus einem schlichten weißen Blatt Papier entstehen mit ein paar einfachen Handgriffen die schönsten Dinge: Schiffe, Bäume, Hüte, Figuren, Flieger, Tiere – eine ganze Märchenwelt! Papier gibt es in verschiedenen Sorten, mal leichter, mal fester, blütenweiß, bunt oder gemustert, glatt, kraus oder strukturiert.

Und was du damit machen kannst, erfährst du auf den nächsten Seiten.

PAPIER

kannst du ...

reißen

knüllen

rollen

falten

schneiden

flechten

bemalen

kleben

... und noch vieles mehr!

Mittelknick

1

2

3

4

5

6

7

Schiff ahoi!

Willst du in See stechen? Dafür brauchst du einen Piratenhut und ein gutes Schiff! Aus einem Blatt Papier kannst du beides falten.

1 DIN-A4-Blatt in der Mitte falten. Das gefaltete Blatt noch einmal zusammen- und wieder auseinander-falten, sodass ein Mittelknick entsteht.

2 Das Blatt mit der geschlossenen Seite nach oben hinlegen und die beiden oberen Ecken zum Mittel-knick falten.

3 Die unten überstehenden Streifen nach oben falten: erst den vorderen Streifen nach oben falten und die seitlich überstehenden Dreiecke nach hinten umknicken. Dann das Blatt drehen und die beiden Arbeitsschritte auf dieser Seite wiederholen.

4 Fertig ist der Hut! Um daraus ein Schiff zu machen, musst du ihn an den roten Punkten auseinanderziehen. (Auf der gegenüberliegenden Seite ist auch ein roter Punkt, den du im Bild nicht sehen kannst.)

5 Lege die Form vor dich hin und drücke sie vorsichtig glatt. Falte die beiden unteren Dreiecke auf beiden Seiten nach oben. Dann ziehe die Form an den roten Punkten auseinander.

6 Noch einmal an den roten Punkten auseinanderziehen ...

7 ... und schon hat das Schiff ein Segel!

Das Meer reißt du aus Papier in verschiedenen Blautönen und klebst die Streifen auf ein großes Blatt Papier.

Rotkäppchen

Aus einer Einzel- oder Doppelseite Zeitungspapier
kannst du dir einen Hut basteln. Probier aus, welche
Größe für dich richtig ist! Das funktioniert genauso
wie beim kleinen Hut auf Seite 14/15. Bemale
deinen Hut mit roter Farbe - so wirst du zum
Rotkäppchen.

Oder du malst Rotkäppchen auf festes
Papier, beklebst es mit bunter Kleidung
aus verschiedenen Papieren und faltest
ihm einen kleinen Hut.

Drei oder vier Hüte ineinandergesteckt und -geklebt werden zu einem Tannenbaum.

2 Einen Stamm aus bemalter Pappe in den unteren Hut kleben.

Was fliegt denn da?

Einen Schmetterling oder Flieger zu basteln erfordert ein bisschen Übung. Lass dir beim ersten Versuch helfen, dann geht es beim zweiten Mal schon viel leichter!

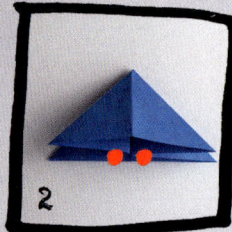
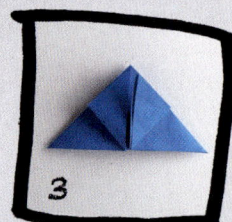

1 Ein quadratisches Blatt Papier in den Diagonalen falten. Einen Mittelknick falten, das Papier wenden und die Diagonalen noch einmal falten.

2 Die Punkte zusammenführen und das so entstandene Dreieck vorsichtig glatt drücken.

3 Die oben liegenden Ecken des Dreiecks Richtung Spitze falten.

4 Die beiden unteren Kanten des so entstandenen Quadrates zur Mitte falten, andrücken und wieder öffnen.

5 Die beiden oberen Kanten zur Mitte falten. Es entstehen vier Knicklinien.

6 Das Papier von diesen Linien aus zur Mitte drücken und die überstehenden Quadrate zu zwei Spitzen zusammendrücken.

7 Die Form umdrehen und auf den Spitzen aufstellen. Du kannst die Flügel etwas nach oben biegen, sie bemalen oder bekleben. Außerdem braucht der Schmetterling noch Fühler aus Papier.

Für einen Flieger benötigst du außer dem quadratischen Stück Papier noch einen rechteckigen Streifen.

8 Den Schmetterling falten. Den rechteckigen Streifen längs falten, sodass ein Mittelknick entsteht. An einem Ende die Spitzen zum Mittelknick falten.

9 Den Streifen zwischen die Flügel schieben. Die Spitze des Fliegers nach unten umknicken. Dann sieht es aus wie beim Flieger rechts.

Tipp

Damit der Flieger besser durch die Luft gleitet, Flügel leicht nach oben knicken!

_ _ _ _ _ _ *Die Schwanzfedern an der*
Linie entlang ausschneiden.

Die Gänse werden wie der Flieger gefaltet.
Mit ihnen geht Nils Holgersson auf Reisen.

Schlaf gut, mein Mäuschen!

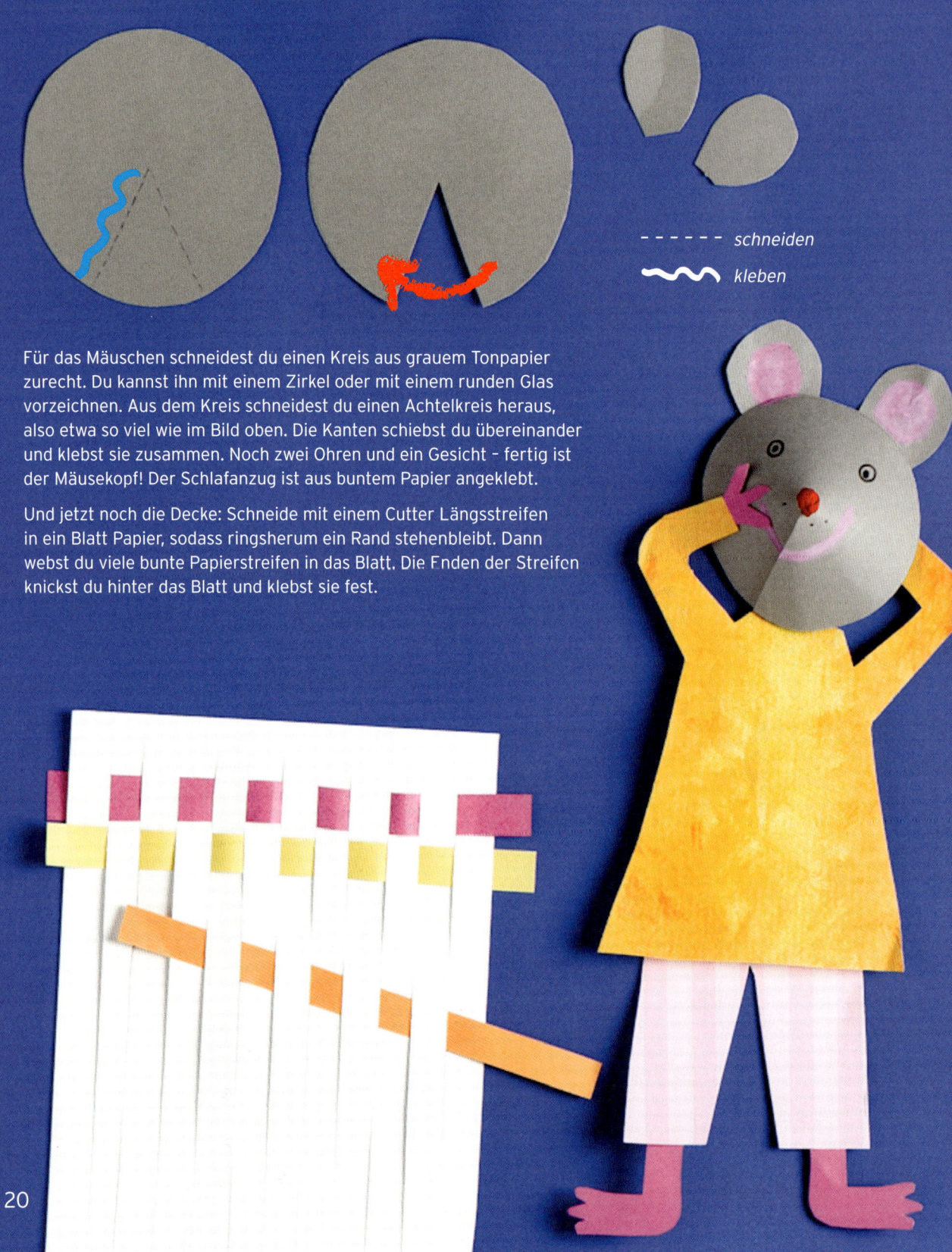

- - - - - - schneiden
〜〜〜 kleben

Für das Mäuschen schneidest du einen Kreis aus grauem Tonpapier zurecht. Du kannst ihn mit einem Zirkel oder mit einem runden Glas vorzeichnen. Aus dem Kreis schneidest du einen Achtelkreis heraus, also etwa so viel wie im Bild oben. Die Kanten schiebst du übereinander und klebst sie zusammen. Noch zwei Ohren und ein Gesicht – fertig ist der Mäusekopf! Der Schlafanzug ist aus buntem Papier angeklebt.

Und jetzt noch die Decke: Schneide mit einem Cutter Längsstreifen in ein Blatt Papier, sodass ringsherum ein Rand stehenbleibt. Dann webst du viele bunte Papierstreifen in das Blatt. Die Enden der Streifen knickst du hinter das Blatt und klebst sie fest.

20

Rapunzel, lass dein Haar herunter!

Möchtest du auch einmal einen ganz langen Zopf haben, so wie Rapunzel? Aus Krepppapier kannst du Zöpfe in allen Längen und Farben flechten. Dazu brauchst du drei lange Papierstreifen, die du an einem Ende mit einem Faden zusammenknotest.

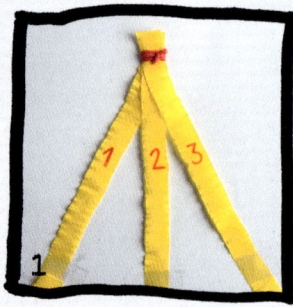

Das sind die drei Streifen. Lege zuerst Streifen 1 über Streifen 2.

Tipp

Mach eine Schlaufe in den Faden und hänge sie über einen Türgriff, dann geht das Flechten ganz leicht!

Lege Streifen 3 über
Streifen 1.

Lege Streifen 2 über
Streifen 3.

4 Dann geht es von vorn
los: Lege Streifen 1 über
Streifen 2 und so weiter ...
Zwischendurch solltest du
den Zopf immer mal wie-
der vorsichtig festziehen.

Kann der Prinz Rapunzel
aus ihrem Turm befreien?
Nur, wenn der Zopf lang
genug ist!

Hü, mein Pferdchen!

Dieses Pferd ist aus Packpapier, Mähne und Schweif sind aus Zeitungspapier. Das Maul ist mit Deckweiß bemalt und Mund und Sattel sind aus Papier aufgeklebt. Das Zaumzeug besteht aus einem langen Faden.

Dein eigenes Pferdchen kannst du ebenfalls bemalen oder auch ganz andere bunte Papiere zum Falten verwenden. Vielleicht bastelst du ja ein Zebra oder einen Fliegenschimmel wie Pippi Langstrumpfs Kleiner Onkel?

Spreize die Beine des Pferdes leicht auseinander, dann steht es besser.

Du brauchst zwei DIN-A3-Bögen Papier. Bis Schritt 4 werden beide Bögen auf die gleiche Weise gefaltet.

1 Den Bogen quer legen, einmal längs falten und wieder aufklappen. Dann den oberen und den unteren Rand bis zum Mittelknick falten.

2 Den oberen und den unteren Rand noch einmal zur Mitte falten.

3 Und noch einmal: den oberen und den unteren Rand zur Mitte falten.

4 Über dem Mittelknick zusammenfalten, sodass ein langer, schmaler Streifen entsteht. Diesen einmal längs falten.

5 Aus einem Streifen Kopf und Vorderbeine formen.

6 Aus dem anderen Streifen Rumpf und Hinterbeine formen. Jeweils an den Knickstellen kleben und mit Büroklammern fixieren, bis der Klebstoff getrocknet ist.

7 Kopfteil in den Rumpfteil schieben und festkleben.

8 Mähne und Schweif aus Zeitungspapier schneiden und ankleben. Ohren, Maul und Sattel nicht vergessen!

——— geschlossene Seite

Ein Quadrat ...

1 ... diagonal falten.

2 Noch einmal diagonal falten und wieder aufklappen.

3 Eine Ecke zur Mitte falten und das Blatt umdrehen.

Segelschiff

Auf das Segelschiff zeichnest du einen Mast, Bullaugen und Passagiere. An den Mast klebst du eine Fahne aus Papier.

Haus

Male das Haus an und klebe eine Tür aus einem Stück Papier so auf, dass sie sich öffnen lässt.

4 Wenn du vom Schiff noch eine Ecke mehr zur Mitte faltest, entsteht ein Haus.

5 Falte eine weitere Ecke zur Mitte.

6 Klebe die drei Ecken mit einem kleinen Stück Papier zusammen.

Briefumschlag

In den Briefumschlag kannst du einen Brief oder ein kleines Geschenk stecken. Falte dann die vierte Lasche zur Mitte, unter den roten Punkt.

Windmühle

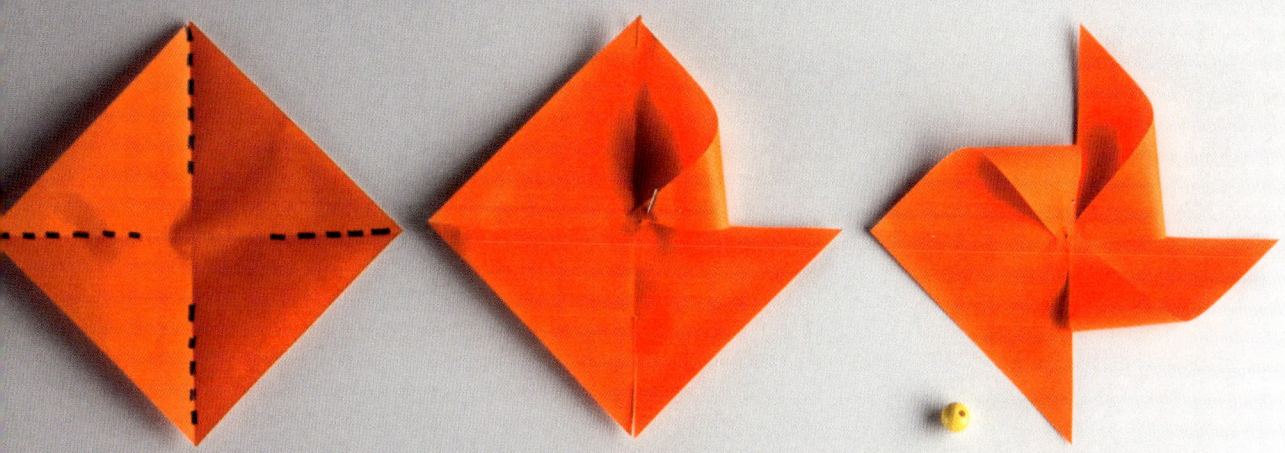

1   Ein quadratisches
    Stück Papier in
    den Diagonalen
    falten und an den
    gestrichelten Linien
    einschneiden.

2   Die Spitzen zur
    Mitte biegen, nicht
    falten!

3   Eine Perle auf eine
    Stecknadel setzen und
    die Nadel durch alle
    Spitzen und die Mitte
    des Papiers stecken.

4   Die Windmühle mit der Stecknadel
    auf einen Strohhalm oder ein kleines
    Stöckchen stecken und hinten mit
    einer kleinen Perle und Klebstoff
    fixieren.

So kannst du dir einen
ganzen Strauß Wind-
mühlen basteln oder auch
eine Biene mit Flügeln. Die
Biene schneidest du aus
schwarzem Papier aus,
beklebst sie mit gelben
Streifen und klebst sie
unterhalb der Flügel auf
den Strohhalm.

Himmel und Hölle

1 Ein quadratisches Blatt (ca. 10 x 10 Zentimeter) in den Diagonalen falten.

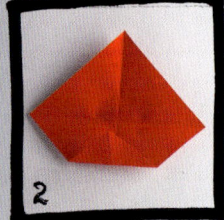

2 Segelschiff falten.

3 Haus falten.

4 Briefumschlag falten.

5 Umschlag schließen und wenden.

6 Nun auf dieser Seite Schiff, Haus und Briefumschlag falten, schließen und noch einmal wenden.

7 Die Form von der Mitte aus nach außen biegen, sodass sich die vier Fächer öffnen.

8 Deine beiden Daumen und Zeigefinger in die Fächer stecken und die Laschen nach oben drücken.

So sieht das Ganze nun aus – von oben (A) und von unten (B).

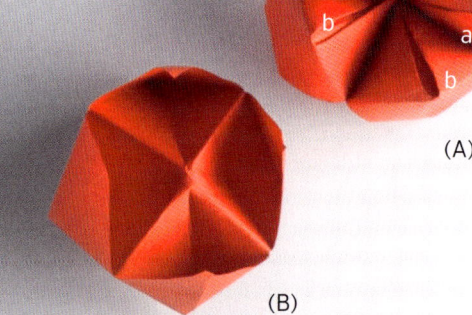

(A)

(B)

Wenn du je eine Fläche a mit einer Fläche b zusammenklebst, bekommst du den Kopf für den Hexentreppen-Drachen auf Seite 31.

Um Himmel und Hölle zu spielen, faltest du die Form aus weißem Papier. In die vier Fächer steckst du Daumen und Zeigefinger. Wenn du die Finger vor- und zurückbewegst, kannst du die Figur mal längs, mal quer öffnen.

Male die Innenflächen in unterschiedlichen Farben an, z. B. zwei gegenüberliegende Flächen blau für den Himmel und die anderen beiden gegenüberliegenden Flächen rot für die Hölle. Wenn die Farbe getrocknet ist, kann es losgehen!

Setze die Figur auf deine Finger und halte sie zunächst geschlossen. Dann nennt dein Mitspieler eine Zahl zwischen 1 und 10. Nun zählst du laut bis zu dieser Zahl und klappst dabei die Figur abwechselnd auf Rot und auf Blau. Bei der gewünschten Zahl wird gestoppt. Ist gerade Blau zu sehen oder Rot? Daran erkennst du, ob dein Mitspieler in den Himmel oder in die Hölle kommt!

Hexentreppen-Drachen

Aus zwei langen Papierstreifen kannst du eine Hexentreppe falten. Du legst die beiden Streifen rechtwinklig übereinander, sodass oben zwei kleine Flächen überstehen. Die klappst du um und klebst sie fest. Wenn der Klebstoff trocken ist, fängst du an zu falten. Dabei wird jeweils der unten liegende Streifen über den anderen Streifen geklappt, so lange, bis die beiden Streifen aufgebraucht sind. Die Enden werden ebenfalls zusammengeklebt. Wenn du die Form auseinanderziehst, entsteht die Hexentreppe.

Aus Himmel und Hölle (siehe Seite 28/29), einer großen und zwei kleinen Hexentreppen klebst du diese Drachen zusammen. Sie brauchen noch Zungen, Ohren, Augen, Schwänze und Krallen aus Papier.

Feuervogel

Diese Laterne aus Seidenpapier leuchtet im Dunkeln besonders schön. Du kannst deinen Feuervogel im Fenster aufhängen oder ihn an einem Laternenstab in der Dämmerung spazieren führen.
Achtung, nasses Seidenpapier färbt ab!
Am besten ziehst du dir für diese Bastelei dünne Einweghandschuhe an.

Einen Luftballon aufblasen und verknoten.

Seidenpapier in Streifen reißen, mit Kleister bestreichen ...

... und Streifen für Streifen auf den Ballon kleben, bis er ganz bedeckt ist. Das in mehreren Schichten wiederholen.

Knoten

An einem warmen Platz gut trocknen lassen.

Um den Knoten herum einen Kreis aus dem Ballon schneiden.

6 Den Kreis als Kopf an den Ballon kleben.

7 Seidenpapierstreifen reißen und als Schwanzfedern an den Vogel kleben.

8 Schnabel, Kamm und Beine aus Tonpapier ankleben.

9 Mit einer Stopfnadel einen Faden an zwei gegenüberliegenden Stellen durch den oberen Rand des Lochs ziehen und verknoten.

Nun kannst du ein Teelicht in deinen Vogel stellen und es in der Dämmerung anzünden. Sicherer ist ein künstliches Licht oder ein Laternenstab mit einer kleinen Glühlampe!

Fächer

Fächer werden aus langen Papierstreifen gefaltet. Daraus lassen sich viele schöne Dinge basteln. Und mit einem großen Fächer aus festerem Karton kannst du dir an heißen Sommertagen kühle Luft zufächeln.

1   Schneide einen mindestens 30 bis 40 Zentimeter langen und 10 Zentimeter breiten Papierstreifen zurecht.

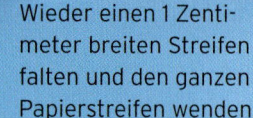

2   Einen 1 Zentimeter breiten Streifen falten. Dann den ganzen Papierstreifen wenden.

3   Wieder einen 1 Zentimeter breiten Streifen falten und den ganzen Papierstreifen wenden.

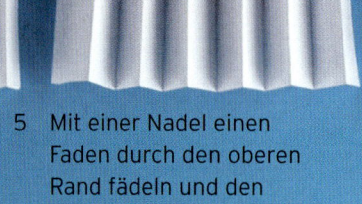

4   Den Papierstreifen weiter in 1 Zentimeter breiten Fächern hin- und herfalten. Es entsteht eine Ziehharmonika.

5   Mit einer Nadel einen Faden durch den oberen Rand fädeln und den Fächer damit zusammenziehen.

Du kannst den Fächer auch an einem Ende mit einem Streifen Papier umwickeln und festkleben.

schneiden

Falte einen Fächer aus einem breiteren Papierstreifen und knicke ihn in der Mitte. Ziehe die äußeren Kanten auseinander. So erhältst du die Flügel für einen Engel oder einen Vogel.

Den Vogelkörper schneidest du aus Tonpapier aus. Mit dem Cutter machst du einen etwas breiteren Schlitz in den Vogelkörper, und zwar so groß, dass der Fächer flach gedrückt hindurchpasst.

Sonne

Für die Sonne brauchst du einen sehr langen gelben Papierstreifen. Nach Arbeitsschritt 5 schließt du den Fächer zu einem Kreis und klebst die Enden aneinander.

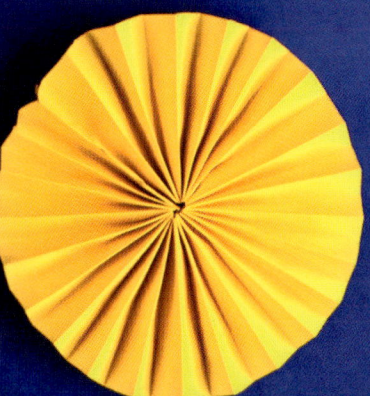

Vogel

Befestige den Fächer mit Klebstoff am Vogel und breite die Flügel aus. Der Vogel bekommt Beine und einen Schnabel aus Papier.

Engel

Das Kleid des Engels besteht aus einem Seidenpapierfächer. Die Flügel werden aus Alufolie gefaltet. Der Kopf ist eine Wattekugel. Du steckst sie auf einen Zahnstocher und befestigst sie oben am Kleid. Die Haare sind aus gelbem Seidenpapier. Die Arme aus zusammengerollten Papierstreifen klebst du ans Kleid. Schuhe und Hände sind aus Tonpapier.

Tipp

Hänge die Figuren an einem Faden auf, um damit dein Fenster oder den Tannenbaum zu schmücken.

35

O Tannenbaum!

Wie du einen Tannenbaum bastelst, steht auf Seite 17. Die Weihnachtskugeln sind aus zusammengeknülltem Glitzer- oder Seidenpapier. Und so bastelst du die Sterne:

 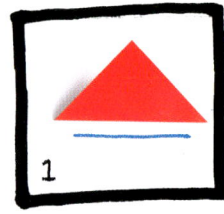 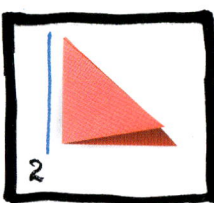 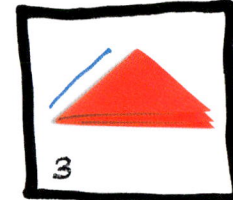 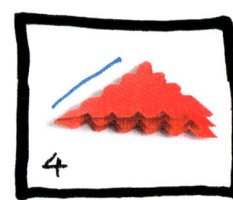

Ein quadratisches Blatt Papier ...	... zu einem Dreieck falten.	Dieses Dreieck zu einem kleineren Dreieck falten ...	... und zu einem noch kleineren Dreieck falten.	In die Außenkanten mit der Schere kleine Muster schneiden oder ...

geschlossene Seite

... entlang der gestrichelten Linie ein kleineres Dreieck ausschneiden.

Dann sieht es so aus

In die Außenkante kleine Muster schneiden.

36

Falte den Stern vorsichtig auseinander. Um ihn aufzuhängen, ziehe einen Faden durch eines der äußeren Löcher und verknote ihn.

Aus einer braunen Papiertüte kannst du ein Rentier basteln. Einfach Ohren aus Papier und kleine Zweige als Geweih ankleben. Die rote Nase nicht vergessen!

Ratz-Fatz-Tütenlaternen

Aus Butterbrottüten kannst du im Nu Tütenlaternen mit freundlichen, lustigen oder auch gruseligen Gesichtern basteln.

Zeichne Augen und Mund auf die Vorderseite der Tüte. Dann stich mit dem spitzen Teil der Schere ein Loch in die Mitte des Mundes und schneide von dort aus in der gewünschten Form weiter. Das wiederholst du bei den Augen. Anschließend kannst du die Tüte bemalen.

Stelle ein leeres höheres Glas mit einem Teelicht in die Tütenlaterne, dann leuchtet sie in der Dämmerung! Papier brennt ganz leicht. Durch das Glas verhinderst du, dass die Tüte mit der Flamme in Kontakt gerät.

Tipp

Wenn die ganze Fensterbank mit Tütenlaternen dekoriert ist, sieht es besonders schön aus - oder besonders gruselig!

Pappe

Pappe und Pappschachteln werden
oft für Verpackungen verwendet,
z. B. für Käse oder als Eierkartons.
Auch Papprollen findest du bei dir
zu Hause, wenn das Klopapier alle
oder die Küchenrolle leer ist. Diese
Materialien sind viel zu schade
fürs Altpapier, denn du kannst tolle
Dinge damit basteln – sogar
eine ganze Stadt!

Und was du sonst noch damit
machen kannst, erfährst du
auf den nächsten Seiten.

PAPPE

kannst du ...

rollen

bemalen

zusammen-
kleben

42

ausschneiden

bekleben

verzieren

... und noch vieles mehr!

Der Bagger und der Elefant

Wellpappe kannst du in lange, schmale Streifen schneiden und aufrollen. Das Ende klebst du an der Rolle fest. Daraus lassen sich viele tolle Dinge basteln, z. B. die Räder für den Bagger oder der Kopf und der Bauch des Elefanten.

1. Baggerschaufel basteln (oberes Bild).

2. Mit der Bleistift- oder Scherenspitze zwei Löcher in die Seiten des Pappstreifens bohren.

3. Du brauchst eine Schachtel, die ungefähr so breit ist wie die Baggerschaufel. Dort, wo die Schaufel angesetzt werden soll, bohrst du auf beiden Seiten ein Loch in die Schachtel.

4. Bohre zwei lange Holzstäbchen durch die Schachtel. Setze die Wellpappenräder auf die Holzstäbchen und klebe je eine Holzperle an die Enden (unteres Bild).

5. Kleinere Schachtel als Führerhaus auf den Bagger kleben.

Für die Baggerschaufel klebst du einen U-förmig geknickten Pappstreifen und eine halbe Papprolle (z. B. eine leere Klopapierrolle) zusammen.

Holzstäbchen als Achsen durch die Schachtel bohren.

Schaufel mit Briefklammern am Bagger befestigen.

Für den Elefanten brauchst du zwei ungefähr gleich große Rollen. Die Wellpappe klebst du am Ende der Rollen fest. Lass bei der Kopfrolle ein Stück des Streifens als Rüssel herunterhängen. Dann stecke Kopf und Bauch mit einem Zahnstocher zusammen. Schneide die Ohren und den Schwanz aus Pappe, Augen, Mund und Stoßzähne aus Tonpapier aus und klebe sie an den Elefanten. Töröö!

So bastelst du den Elefantenkopf.

Eine Papprolle in der Mitte etwas angeschrägt durchschneiden. Die beiden Teile als Beine unter den Bauch kleben.

Mein kleiner Garten

Auf einem Stück Pappe als Untergrund kannst du dir den Garten deiner Träume anlegen! Vielleicht sieht er aus wie dieser hier, vielleicht aber auch ganz anders. So zu gärtnern macht viel Spaß, denn die Pflanzen blühen das ganze Jahr!

Die Hecke besteht aus grün angemalter Wellpappe, die du rings um den Untergrund klebst. Stecke für besseren Halt ein paar lange Zahnstocher von oben durch die Wellpappen-Hecke. Das sind dann gleichzeitig die Baumstämme.

Die Baumkronen schneidest du aus Pappe aus, malst sie an und steckst sie auf die Zahnstocher. Oder du steckst kleine Zweige als Bäume in die Pappe.

Auch die Beete sind aus Wellpappe. Wo keine Beete sein sollen, kannst du Rasen oder einen Teich auf den Untergrund malen. Vielleicht schwimmen darauf ein paar Enten?

Klebe Seidenpapierkügelchen als Pflanzen in die Beete oder als Blüten an die Bäume.

Aus einer kleinen Pappschachtel wird ein Gartenhäuschen. Du kannst es so basteln wie das Haus auf Seite 49 oder einfach eine passende Schachtel wie ein Haus anmalen.

So die Wellpappe um die bemalte Rolle wickeln.

1

Für die große Blüte ein Stück Seidenpapier zu einem Streifen falten, in der Mitte zusammendrücken und drehen. Das sieht dann aus wie eine Fliege. Grünes Papier wie im Bild zuschneiden.

2

Die Fliege in der Mitte fassen, die Seiten hochklappen und den grünen Streifen unten um die Blüte wickeln. Mit Klebstoff fixieren, bevor du sie in den Blütenstiel steckst.

Für diese Topfpflanzen malst du eine längere und eine kürzere Papprolle grün an. Wenn die Farbe trocken ist, umwickelst du die Rollen mit Wellpappe und klebst die Enden fest. Um den oberen Rand der Wellpappe wickelst du einen weiteren Streifen Wellpappe und klebst ihn fest. Fertig ist der Blumentopf! Seidenpapier kannst du zu Kugeln knüllen und ankleben oder zu einer größeren Blüte falten, die du oben in die Rolle setzt.

Im Hexenwald

Das Haus der kleinen Hexe liegt im dichten Wald verborgen. Trau dich nur hinein!

Die Tannen bestehen aus den Spitzen von Eierkartons, die du mit der Schere abschneidest und grün anmalst. Klebe sie auf einen Stamm aus gerollter Pappe (wie im Bild oben links) oder setze sie auf Zahnstocher, die du in den Untergrund steckst.

Für die Hexe (rechtes Bild) beklebst du eine Papprolle mit bunter Kleidung aus Papier und malst ihr ein Gesicht. Oben auf die Rolle klebst du schwarzes Seidenpapier und drehst es zu einer Hutspitze. Dann schiebst du die schwarze Hutkrempe darüber.

Einen Stamm aus Wellpappe rollen, das Ende festkleben und ein grünes Hütchen daraufsetzen.

Für die Hutkrempe: Zeichne einen Kreis in der Größe der Papprolle auf Tonpapier und einen größeren drum herum. Schneide den so entstandenen Ring aus.

48

Knusper, knusper, Knäuschen ...

Stecke zwei Pappdreiecke mit Zahnstochern auf eine Schachtel oder einen Karton. Darüber klebst du ein Dach aus Wellpappe. Der Schornstein ist ebenfalls aus Wellpappe. Schneide mit dem Cutter eine Tür in die Vorderseite des Hauses und falte eine kleine Treppe aus Pappe, die du davorklebst. Die Fenster sind aus gelbem Tonpapier, auf das du mit einem dicken Filzstift die Fensterrahmen malst. Die Raben und die Katze kannst du mit Stecknadeln am Dach befestigen.

1 Dreiecke als Giebel zuschneiden, Zahnstocher hineinstecken ...

2 ... und so in die Schachtel stecken.

49

Rumpelstilzchen

Für diese Laterne brauchst du eine Käseschachtel, die es auch im Bastelladen zu
kaufen gibt, farbiges Transparentpapier
und einseitig klebende transparente
Klebefolie.

So kannst du Rumpelstilzchen
ausschneiden.

1   Aus buntem Transparentpapier ein tanzen-
    des Rumpelstilzchen ausschneiden.

2   Ein großes Stück Klebefolie zurecht-
    schneiden. Es muss so breit sein, dass es
    einmal um die Käseschachtel passt, und
    noch 2 Zentimeter breiter für den Klebe-
    rand. Wie hoch die Laterne werden soll,
    bestimmst du selbst. Es kommt auch darauf
    an, wie groß dein Bild ist.

3   Gelbes Transparentpapier in der Größe der
    Klebefolie zurechtschneiden.

4   Klebefolie mit der Klebeseite nach oben auf
    eine glatte Fläche legen und vorsichtig die
    Schutzschicht von der Folie abziehen.

5   Rumpelstilzchen mitten auf die Folie kleben.
    Rotes und braunes Transparentpapier in
    Streifen reißen und als Feuer um die Figur
    kleben.

6   Das gelbe Transparentpapier über die
    gesamte Folie legen und fest andrücken.

7   Folie aufrollen und in den geschlossenen
    Teil der Käseschachtel kleben. Die beiden
    Kanten zusätzlich mit einem Klebestreifen
    fixieren.

8   Den offenen Teil der Käseschachtel um den
    oberen Rand kleben – fertig!

9   Wenn du die Laterne an einem Stab
    tragen möchtest, brauchst du noch eine
    Halterung. Dafür pikst du zwei Löcher
    durch den oberen Rand der Käseschach
    tel, ziehst ein Stück Blumendraht hindur
    und verknotest ihn.

Burg Pappenfels

Stolz thront die Burg auf ihrem Kartonfelsen! Zwei Papprollentürme mit Dächern aus Eierkartonhütchen sind die Pfeiler. Die Mauer besteht aus Pappe. Aus diesen zwei Materialien kannst du eine ganz große Burg zusammenkleben, mit noch viel mehr Türmen und Mauern.

Zuerst schneidest du mit dem Cutter die Schießscharten in die Mauer. Dann klebst du die Dächer auf die Türme. Zum Schluss klebst du alle Teile deiner Burg zusammen.

Auf die Fahne malst du dein Burgwappen und klebst sie an einen Zahnstocher. Den kannst du in einen der Türme stecken.

Der silberne Ritter

Aus zwei Papptellerhälften und einem Stück Karton klebst du den Pferdekörper zusammen (oberes Bild). Den Pferdehals und -kopf schneidest du aus schwarzem Karton aus. Unten am Hals knickst du einen Streifen um und klebst ihn mit dieser Lasche auf den Pferdekörper.

Der Ritter bekommt eine glänzende Rüstung. Sprühe dafür eine Papprolle und ein paar Stücke Wellpappe (unteres Bild) mit Silberfarbe an. Klebe einen Streifen Buntpapier als Gesicht und einen Helm aus Goldpapier auf die Rolle. Den Helm bastelst du wie die Raketenspitze auf Seite 56. Er bekommt noch einen Rand aus Wellpappe. Der untere Teil des Gesichts wird durch ein Visier aus Wellpappe geschützt. Arme, Beine und Schuhe ankleben und den silbernen Ritter auf das Pferd setzen – dann kann er losgaloppieren!

Einen Pappteller durchschneiden. Die Kanten eines rechteckigen Kartonstücks nach innen knicken und die Hälften darankleben.

Aus diesen Grundteilen besteht der Ritter. Außerdem braucht er noch ein Visier und Schuhe.

Nashorn und Giraffe

Aus Schachteln, Papprollen und Co. kannst du deinen eigenen kleinen Zoo basteln. Und mit diesen Zootieren darfst du sogar spielen!

Das Horn des Nashorns besteht aus einer Eierkartonspitze, der Körper aus einer Schachtel, der Kopf aus Pappe und Wellpappe.

1 Für den Kopf zwei Dreiecke aus Pappe schneiden und an die Schachtel kleben (oberes Bild).

2 Über die Dreiecke ein Stück Wellpappe kleben.

3 Vier kurze Stücke einer Papprolle als Beine unter die Schachtel kleben.

4 Die Eierkartonspitze auf die Wellpappe kleben und grau anmalen.

5 Augen und Mund aus Buntpapier ankleben.

Tipp

Basteleien aus Pappe sind prima Verpackungen für kleine Geschenke – und tolle Verstecke!

So werden die Dreiecke an das Nashorn geklebt. Du kannst sie zusätzlich mit Zahnstochern fixieren.

So klebst du Kopf, Hals und Körper der Giraffe zusammen.

Für die Giraffe brauchst du ein Stück Versandrolle, eine lange Haushaltsrolle und drei Klorollen.

1 Oben am Hals (Haushaltsrolle) ein halbrundes Stück herausschneiden, in das der Kopf (Klorolle) passt. So kannst du die Teile besser zusammenkleben.

2 Unten am Körper (Versandrolle) in gleicher Weise ein halbrundes Stück herausschneiden.

3 Die Rollen zusammenkleben (Bild links) und zusätzlich mit einem Streifen Klebeband fixieren.

4 Die Giraffe anmalen.

5 Die Beine unter die Giraffe kleben. Dafür die Oberkante der Beine halbkreisförmig abschneiden (Bild links unten), damit sie gut unter den Bauch passen.

6 Zwei Streichhölzer in den Kopf der Giraffe stecken. Ohren, Augen und Mund aus Papier ankleben. Der Schwanz ist ein Stück Bindfaden.

So schneidest du die Beine am oberen Rand zu.

Auf ins Weltall

Hier werden Schachteln und Rollen zu UFO, Düsenjäger und Rakete! Je nachdem, was du für Schachteln hast, entstehen immer wieder neue Flugobjekte. Probier aus, welche Schachteln sich am besten für dein Traum-Raumschiff eignen.

Rakete

Beklebe eine Rolle mit roten und weißen Papierstreifen und setze eine Raketenspitze darauf. Dann klebe einen Streifen Wellpappe und kleine Dreiecke aus Wellpappe an den unteren Rand der Rolle. Du kannst noch ein Fenster aus Tonpapier mit einer gemalten Figur oder einem Foto von dir auf die Rakete kleben.

Düsenjäger

Der Düsenjäger besteht aus einem dreieckigen Stück Pappe und drei Rollen. Klebe die Rollen so zusammen wie auf dem unteren Bild und klebe sie anschließend auf das Dreieck. Du kannst den Düsenjäger anmalen und mit Wellpappe und Buntpapier verzieren. Aus der mittleren Rolle kommt „Feuer" aus Buntpapier.

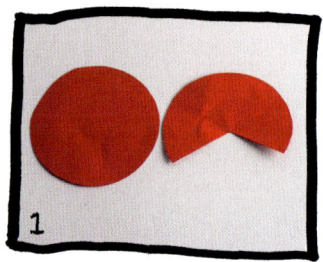

Für die Raketenspitze einen Kreis aus Tonpapier ausschneiden und aus dem Kreis ein Dreieck herausschneiden.

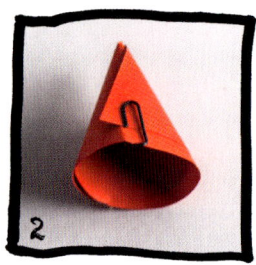

Die Kanten übereinanderschieben und festkleben. Mit einer Büroklammer fixieren, bis der Klebstoff getrocknet ist.

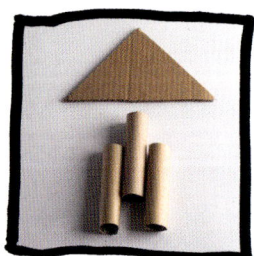

Aus diesen Teilen wird der Düsenjäger gebastelt.

UFO

Klebe zwei unterschiedlich große runde Schachteln (z. B. Käseschachteln) übereinander und besprühe sie mit Silberfarbe. Klebe zwei Streifen aus Buntpapier als Kuppel über die obere Schachtel. Dafür musst du die Streifenenden nach innen knicken, die Unterseiten mit Klebstoff bestreichen und auf die Schachtel kleben.

Dein UFO kannst du bemalen oder mit Tonpapier bekleben: Räder, Blinklichter, Lampen, Sterne ... und natürlich kleine grüne Männchen!

Katzenlaterne

Diese Laterne besteht aus zwei Papptellern, farbigem Transparentpapier, einem Streifen Wellpappe und Buntpapier zum Verzieren. Du kannst sie auf die Fensterbank stellen oder beim Laternenumzug tragen.

Die bemalten Pappteller werden mit einem Streifen aus Wellpappe zusammengeklebt, der zu etwa drei Vierteln um den Tellerrand passt. Wie das geht, siehst du auf den Bildern.

Für besseren Halt kannst du von außen zusätzlich Klebestreifen um die Kanten kleben und diese mit gelber Farbe übermalen.

Die Pappteller und einen Streifen Wellpappe mit gelber Farbe bemalen.

Aus den Böden beider Teller Kreise ausschneiden.

Die Löcher von innen mit gelbem Transparentpapier bekleben. Augen, Nase und Mund aus farbigem Transparentpapier ausschneiden und aufkleben. Den Wellpappestreifen mit Klebstoff an den Tellerrändern festkleben und von innen mit Kreppband fixieren.

Der Weiße Hai

Der Räuber der Meere geht auf Beutejagd! Für das Hai-Spiel brauchst du einen Bogen weißen Karton, einen Wollfaden und einen kleinen Pappfisch.

1 Für den Hai den Kartonbogen zu einer Tüte aufrollen und zusammen-kleben. Bis der Klebstoff getrocknet ist, die Klebestellen mit einer Wäscheklammer fixieren.

2 Die Tüte oben gerade abschneiden und mit einer Zackenschere auf beiden Seiten ein Maul einschneiden.

3 Das Maul innen rot anmalen oder mit rotem Papier bekleben.

4 In das Schwanzende einen Schlitz schneiden, die Schwanzflosse dort hineinstecken und festkleben.

5 Dreieckige Flossen oben und unten an den Hai kleben.

6 Mit einer Stopfnadel einen Faden durch das Maul ziehen und festknoten. Das andere Ende des Fadens an einen kleinen Fisch knoten.

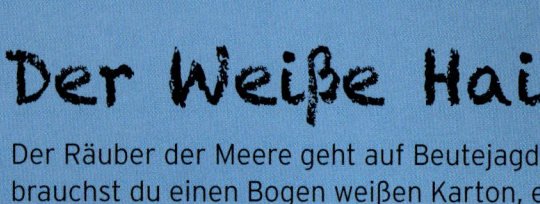

Den Karton so zu einer Tüte aufrollen.

So geht das Spiel: Nimm den Hai am unteren Ende in die Hand und schleudere ihn hoch (halt ihn aber weiter fest!), sodass der kleine Fisch mit Schwung in die Luft geworfen wird. Und nun versuche, ihn mit dem Maul des Hais zu fangen! Je länger der Faden, desto schwieriger wird es.

An der Angel

Schneide kleine Fische aus Pappe, male sie an und beklebe sie mit Schuppen aus Glitzerpapier. Durch die Mäuler pikst du je eine Büroklammer.

Knote eine Schnur an einen Stock. Ans Ende der Schnur bindest du eine aufgebogene Büroklammer als Angelhaken und versuchst, die kleinen Fische damit vom Boden oder aus einem Eimer zu angeln.

Holz

Mit Hammer, Nägeln und Heiß-
kleber kannst du selbst zum
Handwerker werden und tolle
Dinge aus Holz herstellen, z. B.
aus Baumrinde, Ästen, Holz-
latten, Sperrholz, Holzperlen,
Holzlöffeln, Wäscheklammern,
Streichhölzern, Holzwolle ...

Und was du damit machen
kannst, erfährst du auf den
nächsten Seiten.

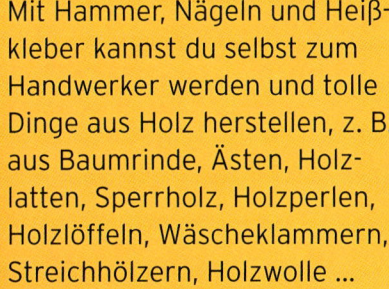

HOLZ

kannst du ...

sägen

nageln

61

zusammen-
schrauben

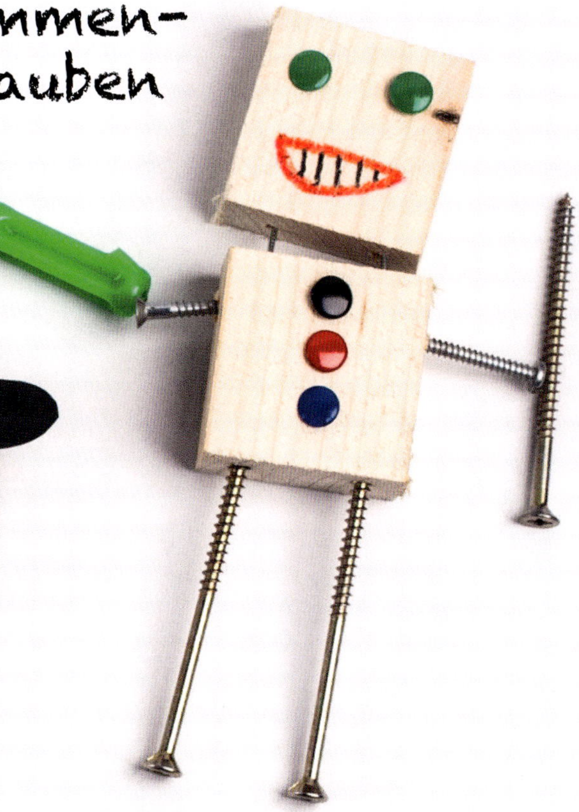

bemalen

bekleben

schwimmen
lassen

... und noch vieles mehr!

Bitte einsteigen!

Diese kleine Eisenbahn ist aus Stücken einer zersägten Dachlatte und anderen Holzresten zusammengeklebt. Die Räder sind aus einem alten Besenstiel, der in kurze Scheiben zersägt wurde. Der erste Arbeitsschritt für deine eigene Eisenbahn: auf Holz-Sammeltour gehen!

Das sind die Verbindungs-
schrauben für die Waggons.

1 Lege alle Holzstücke, die du für deine Eisenbahn
   gesammelt hast, so vor dich hin, dass sie gut
   zusammenpassen. Die Lok besteht z. B. aus einem
   rechteckigen Stück Holz. Ein dreieckiges Stück
   passt vorne an die Lok und ein kleiner Holzwürfel
   kann als Führerhaus dienen. Das ist manchmal
   eine echte Puzzlearbeit!

2 Die Teile für die Lok mit Holzleim zusammenkleben.

3 Die Räder an die Waggons und die Lok nageln.
   Lass etwas Abstand zwischen Rad und Waggon,
   damit die Räder sich drehen können.

4 Mit dem Holzbohrer Löcher für die Ring- und die
   Hakenschrauben vorbohren und die Schrauben
   hineindrehen.

5 Für das Dach des Personenwagens ein Stück Tonkarton zuschneiden, rundbiegen und ankleben.

6 Auf dem Güterwaggon ist ein kleines Bündel Holz.
   Du kannst natürlich auch andere Dinge darauf
   transportieren. Damit die Ladung nicht herunterfällt,
   hämmere ein paar Nägel um die Ladefläche.

Wilde Waldtiere

Mutter Natur hat viel Fantasie!
Deshalb sehen manche Äste schon
von ganz allein aus wie wilde
Tiere. Bei anderen fehlen nur
noch Beine und ein Kopf, z. B. aus
einem Stück Rinde, um einen Wolf
oder ein Wiesel daraus zu basteln.
Augen und Mäuler der Tiere sind
aus Knete.

Dieser Wolf besteht aus einem dickeren Ast.
Ein Bein ist schon dran. Die anderen Beine
sind zwei kleine Stücke einer Holzlatte und
ein kurzes Aststück, die alle an den Körper
genagelt werden. Den Kopf aus Baumrinde
kannst du mit Holzleim an den Wolf kleben.

So das Geweih von
hinten an den Kopf
nageln.

Der Hirsch ist aus zwei Holzstücken
zusammengeklebt. Die Beine und das
Geweih werden angenagelt. Die Ohren
bestehen aus Packpapier.

Ein dreieckiges und ein quadratisches
Stück Holz werden zu einem Igel
zusammengeklebt. Dann bekommt er
ganz viele Stacheln aus Nägeln.

69

Küchentheater

Einen Kochlöffel, Grillzangen und
Wäscheklammern – mehr brauchst du
nicht, um dir Figuren für dein eigenes
kleines Theater zu basteln.

Für das Monster ein Holz-
dreieck auf die Zange nageln.

1 Holzwolle als Haare mit
   Holzleim ankleben.

2 Dem Kochlöffel ein Gesicht malen. Ein Kleid
   aus Krepppapier um den Stiel wickeln und
   festkleben. Zwei Wäscheklammern als Arme
   anbringen – fertig ist Prinzessin Cuisine!

Für den Löffel-Hasen Wäscheklammern oben an einem Kochlöffel
anbringen und Augen, Nase und
Mund aufmalen.

Pfui, Spinne!

Aus einer Grillzange kannst du dir auch ein Spiel basteln: Klebe einer schwarzen Holzperle Beine aus schwarzem Karton an und male ihr Augen und Mund. Fädele die Spinne auf einen Bindfaden und verknote ihn unter der Perle. Das andere Ende des Fadens knotest du an die Zange. Nun kannst du die Spinne hoch-werfen und versuchen, sie mit der Zange zu fangen!

Tooooooor!

Der 1. FC Wäscheklammer besteht – na klar – aus elf Holzwäscheklammern. Einfach die Klammern anmalen und Haare aus Wolle oder Kleidung und Mützen aus Papier aufkleben. Für die gegnerische Mannschaft brauchst du natürlich auch noch elf Fußballspieler oder -spielerinnen. Und vielleicht noch Auswechselspieler, Trainer, Schiedsrichter, Zuschauer ...

Damit alle Figuren gut stehen, steckst du sie jeweils in ein Stück Knete.

Für das Spielfeld nimmst du eine Sperrholzplatte, die du grün anmalst. Die Tore werden jeweils aus drei Leisten zusammengeklebt. Mit Reißzwecken befestigst du ein Stück von einem Apfelsinennetz hinter dem Tor.

Als Fußball verwendest du eine kleine Wattekugel, die du bemalst, oder auch einen Tischtennisball.

Anpfiff

Du kannst natürlich mit einem oder mehreren Freunden einfach drauflosspielen. Oder du probierst diese Spielvariante aus: Stelle den Torwart ins Tor. Mit der Wattekugel versucht nun jeder Mitspieler vom Spielfeldrand oder aus noch weiterer Entfernung, das Tor zu treffen. Nach drei Versuchen stellst du einen Abwehrspieler auf das Feld. Jetzt wird das Ganze schon schwieriger! Nach drei weiteren Versuchen kommt ein zweiter Abwehrspieler dazu und so weiter ... Wer schießt die meisten Tore?

Begegnung auf hoher See

Nanu!? Das Rindenfloß von Kleiner Blauer Fisch trifft auf das Boot von Piraten-Paul. Was für eine Geschichte wohl dahintersteckt? Und was passiert als Nächstes?

1 Für das Rindenfloß einen Korken in ein Stück gebogene Rinde kleben.

2 Das Segel in den Korken stecken.

3 Mit Kleidung aus Filz, Haaren aus Papier und einem gemalten Gesicht wird ein weiterer Korken zum Indianer.

Für das Segel Zahnstocher und Holzstäbchen so durch ein Filzquadrat stecken.

Ringschraube von unten in die Mitte schrauben.

Mit einem Bindfaden einen Stein an die Schraube knoten.

Das Piratenboot besteht aus einem dreieckigen Stück Holz, auf das du ringsherum eine Reling aus Nägeln hämmerst. Wie du den Ankerstein und die Masten befestigst, siehst du auf den Bildern unten. Auf ein dreieckiges Stück schwarzes Papier malst du einen Totenkopf und klebst es an das Holzstäbchen (mittlerer Mast). Fixiere das Segel mit einer Büroklammer, bis der Klebstoff trocken ist.

Für den Piraten einen Korken mit Papier bekleben, einen kleinen gefalteten Hut (siehe Seite 14/15) aufsetzen und ein Gesicht aufmalen. Augenklappe nicht vergessen!

Dank des Steins schwimmt das Boot in der Badewanne oder auf einem Teich besonders gut.

3

Drei lange Schrauben von oben in das Holzstück schrauben und ein Holzstäbchen an die mittlere Schraube binden.

Klapperkopf und Klickerhase

Mit diesen Musikinstrumenten kannst du ein Küchenkonzert geben! Die Löwenmähne klappert und die Perlen machen schöne Klicker-Klacker-Geräusche. Vielleicht magst du aber auch einfach drauflostrommeln?

Für den Löwen-Klapperkopf den Boden einer Holz-käseschachtel auf ein Stück Dachlatte nageln und gelb anmalen. Die Perlen wie auf dem kleinen Bild am Kopf befestigen. Nun bewegst du den Löwen so, dass die Perlen vorne und hinten gegen das Holz klappern – mal schnell, mal langsam!

Die Perlen mit einer Stopf-nadel auffädeln und die Fäden durch die Löcher im Schachtelrand ziehen.

Male den Hasen auf ein Stück Sperrholz. Wenn die Farbe trocken ist, hämmere entlang dem Hasenumriss Nägel in die Platte. Die Abstände zwischen den Nägeln dürfen nicht zu groß sein, sonst fallen die Perlen heraus.

Zum Spielen bewegst du die Platte hin und her, sodass die Perlen innen an den Nägeln entlangrollen. Du kannst auch Glasmurmeln oder kleine Nüsse nehmen. Es hört sich immer anders an.

Für die Trommel eine leere Holzkäse- schachtel anmalen. Die Schlägel bastelst du aus zwei Holzstäbchen und zwei dicken Holzperlen.

Luzia leuchtet

Das Fest der Heiligen Luzia ist am 13. Dezember. In Schweden wird dieser Tag besonders gefeiert: Junge Mädchen tragen dann einen Kranz mit Kerzen auf dem Kopf. Diesen schönen Brauch kannst du zu dir nach Hause holen.

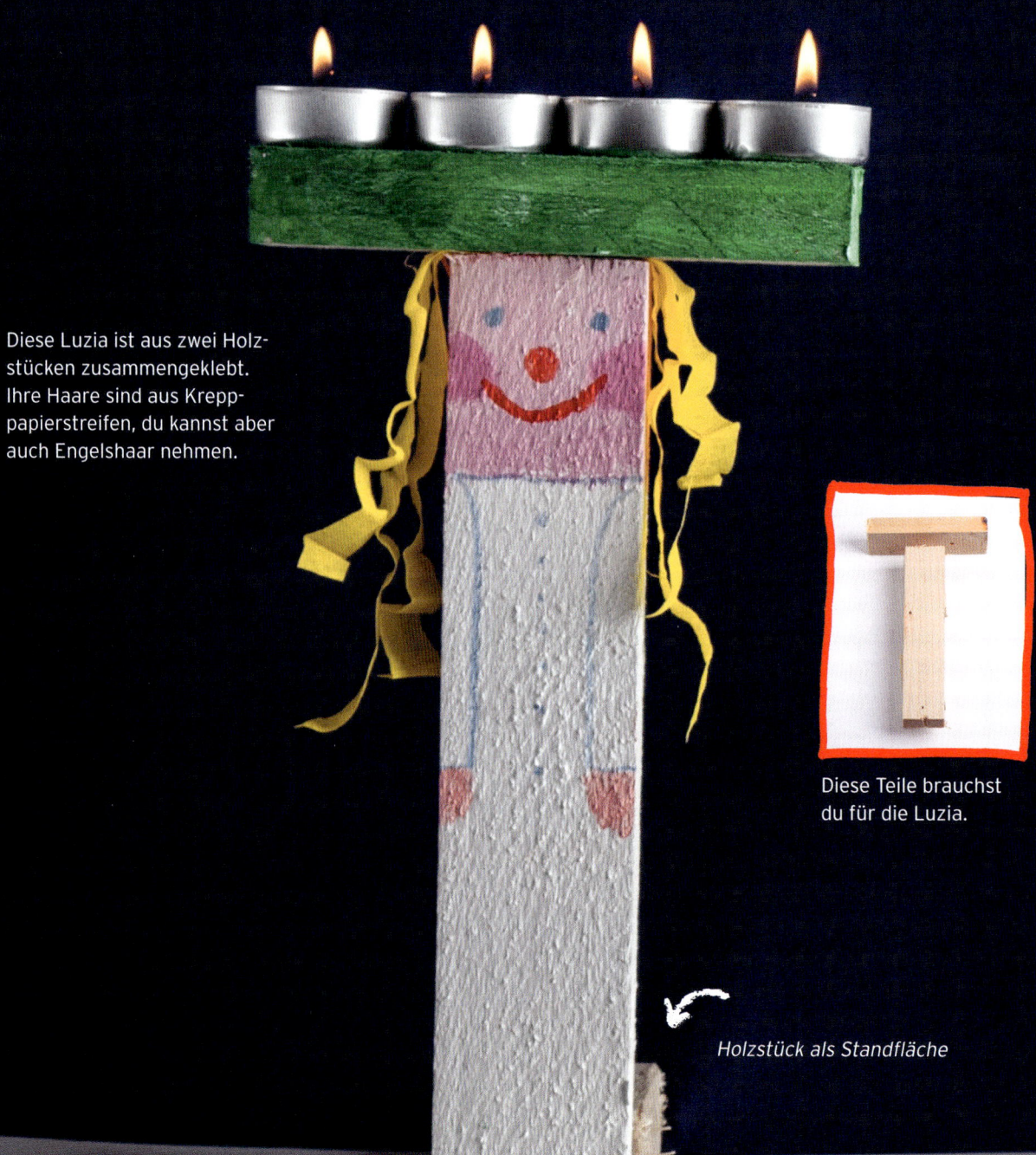

Diese Luzia ist aus zwei Holzstücken zusammengeklebt. Ihre Haare sind aus Krepppapierstreifen, du kannst aber auch Engelshaar nehmen.

Diese Teile brauchst du für die Luzia.

Holzstück als Standfläche

Aus diesen Holzstücken
besteht der Nikolaus.

Auf ähnliche Weise kannst du dir auch
einen Nikolaus oder einen Weihnachts-
wichtel basteln. Wenn die Holzstücke
unten schön gerade gesägt sind, stehen
die Figuren von ganz allein. Noch
mehr Halt bekommen sie, indem du
ein weiteres Stück Holz als Standfläche anklebst.

Naturschätze

Die Natur ist eine bunte Schatzkiste, in der du die schönsten Bastel-
materialien finden kannst. Halte beim Spaziergang im Park oder Wald
Ausschau! Jede Jahreszeit bietet neue hübsche Dinge: Blüten und
Gräser im Frühling und Sommer, Blätter und Kastanien im Herbst,
Zweige und Zapfen im Winter. Steine und Federn oder auch Muscheln
am Strand kannst du das ganze Jahr über sammeln. Außerdem gibt
es Eicheln, Nüsse, Maiskolben, Hagebutten und Beeren, Moos,
Weidenkätzchen …

Und was du damit machen kannst,
erfährst du auf den nächsten Seiten.

NATUR
SCHÄTZE

kannst du ...

sammeln

sortieren

verzieren

bekleben

bemalen

zusammen-
stecken

... und noch vieles mehr!

Auf der Wiese

Im Frühjahr sind die grasgrünen Wiesen mit gelben Löwenzahn- und weißen Gänseblümchen- blüten getupft.

Aus den Wiesenpflanzen kannst du die schönsten Dinge basteln, wie Ketten, eine Sonne oder Grasfrisuren.

Mit dem Daumennagel oder einem Cutter längs einen Schlitz in den Stängel ritzen.

Den Stängel einer zweiten Blume durch den Schlitz stecken.

Eine Kette aus Löwenzahn- blüten ist ebenfalls sehr schön und leuchtet gold- gelb. Aber Vorsicht: Der milchige Saft, der aus den angeritzten Stängeln tritt, klebt an den Fingern!

3 Das wiederholst du so oft, bis die Kette die gewünschte Länge hat. Du schließt sie, indem du den Schlitz des letzten Stängels etwas länger machst und über den Blütenkopf des ersten Gänseblümchens ziehst.

Löwenzahn-Löwe

Einen kleinen Löwen auf gelbes Papier zeichnen und ausschneiden. Eine Blüte als Kopf ankleben. Augen, Nase und Mund sind aus Papier aufgeklebt.

Sonne

Auf einem großen Blatt Papier kannst du eine Sonne aus Löwenzahnblüten legen oder sie darauf festkleben. Dieses kleine Kunstwerk hält ein bis zwei Tage, aber auch die getrockneten Blüten sehen noch sehr schön aus.

Grashaare

Schneide mit einer Schere lange Gräser von der Wiese oder vom Wegesrand und binde mit einem Faden Frisuren daraus. Die kannst du auf ausgeschnittene oder gemalte Köpfe kleben oder einfach auf ein Blatt Papier legen.

Gras lässt sich auch flechten! Wie ein Zopf geflochten wird, steht auf Seite 22/23.

85

Kartoffel-Karawane

Für ein Kamel brauchst du eine rohe Kartoffel, zwei Erdnüsse und Zahnstocher. Mehrere Kamele bilden eine Karawane. Sie ziehen durch eine Wüstenlandschaft aus Packpapier, vorbei an Pyramiden aus Pappe. Zweige mit Blättern sind die Palmen. Du kannst die Landschaft auf eine Pappe kleben oder einfach so mit der Karawane spielen.

Für den Karawanenführer zwei lange Zahnstocher von unten durch zwei Erdnüsse schieben.

Für das Kamel die Erdnüsse und Kartoffeln so mit den Zahnstochern zusammenstecken.

Wenn die Schale der Erdnüsse sehr hart ist, müssen die Löcher mit einem kleinen Holzbohrer vorgebohrt werden (siehe Seite 88). Wenn du etwas Klebstoff in die Löcher gibst, halten die Zahnstocher besser.

Den Karawanenführer kannst du mit buntem Seidenpapier bekleiden und dem Erdnusskopf ein Gesicht malen. Dann bekommt er noch Schuhe aus Knete, die du unten an die Zahnstocher steckst, und Arme aus Streichhölzern, die du mit Klebstoff befestigst.

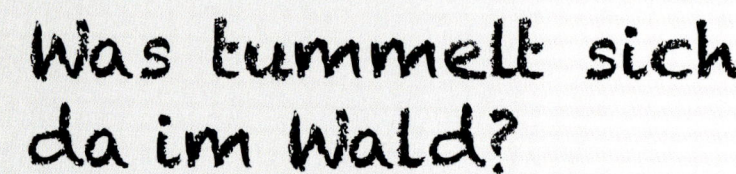

Was tummelt sich da im Wald?

Aus Kastanien mit ihren igeligen Hüllen, Eicheln mit den lustigen Hüten und den leuchtend roten Hagebutten lassen sich tolle Figuren basteln. Deiner Fantasie sind keine Grenzen gesetzt!

Am besten bohrst du die Löcher für die Streichhölzer mit solch einem Holzbohrer vor. Das geht ganz einfach. Aber pass auf deine Finger auf!

Zwei Eicheln mit einem Streichholz zusammenstecken, Streichhölzer als Arme und Beine, etwas Knete für Gesicht und Füße – fertig ist das Männchen!

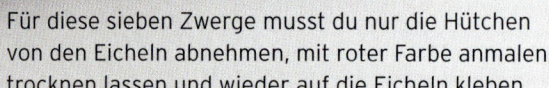

Für diese sieben Zwerge musst du nur die Hütchen von den Eicheln abnehmen, mit roter Farbe anmalen, trocknen lassen und wieder auf die Eicheln kleben.

Eichhörnchen-Parade: Je eine Eichel auf eine Kastanie stecken, Ohren und Arme aus Filz ausschneiden und ankleben. Der Schwanz ist aus Märchenwolle.

Den Eulenkörper kannst du aus Pappe ausschneiden. Federn, Schnabel und Füße sind aus Papier und die Augen zwei umgedrehte Eichelhütchen.

Der Hase hat zwei Pfoten aus Eichelhütchen, die mit Klebstoff auf dem Kastanienkörper befestigt sind.

Ein Eichelhut mit Stiel sieht aus wie eine Pfeife. Bohre ein Loch in den Mund des Zwergs, dann kann er die Eichelpfeife rauchen.

Zwei Kastanien, eine Eichel und eine Hagebutte zusammenstecken, sechs Streichholzbeine dran – gestatten: Herr Ameise!

Häuptling Feder und die Mais-Indianer

Um dir einen Indianerkopfschmuck zu basteln, brauchst du Maiskörner und rote Beeren. Für die Indianer nimmst du ganze Maiskolben, an denen noch die Blätter sind. Vielleicht kannst du sie bei einem Ausflug im Herbst direkt vom Feld pflücken. Du kannst sie aber auch auf dem Markt kaufen.

Du brauchst einen Maiskolben mit Blättern.

So sieht die fertige Maske aus.

Aus Wellpappe (siehe Seite 44/45) schneidest du einen etwa 6 Zentimeter breiten Streifen zurecht. Er sollte so lang sein, dass er fast um deinen Kopf passt. In die Rillen der Wellpappe klebst du abwechselnd eine Reihe Maiskörner und eine Reihe Beeren. In die Löcher der Wellpappe steckst du Federn. Nun bohrst du mit einem spitzen Bleistift auf beiden Seiten des Pappstreifens ein Loch und ziehst jeweils einen Faden hindurch. Wenn du den Kopfschmuck aufsetzt, bindest du die Fäden hinter deinem Kopf zusammen.

Du kannst die Blätter nach oben biegen und anmalen ...

... oder Zöpfe flechten (siehe Seite 22/23).

Für einen guten Stand ein Stück von einer Klorolle abschneiden und den Indianer hineinstellen.

Häuptling Feder trägt einen Kopfschmuck aus bunt bemalten Blättern, die Squaw hat lange schwarze Zöpfe. Beide haben Kleider aus Maisblättern an, die um die Kolben gewickelt und mit Stecknadeln befestigt sind. Darüber kannst du bunte Filzstreifen kleben.

Märchenhafte Blätterwesen

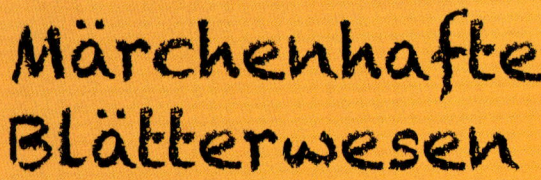

Blätter gibt es in vielen verschiedenen Formen und – besonders im Herbst – in den schönsten Farben. Man kann sie sammeln und auch wunderbar damit basteln.

Der kleine Zwerg hing mal an einem Ahornbaum. Auf die Blattspitze malst du ein Gesicht und eine Mütze. Der Bart ist aus Watte. Unten klebst du zwei längliche Blätter als Beine und Schuhe aus Tonkarton an.

Ein Kastanienblatt besteht aus mehreren Einzelblättern. Für den großen Zwerg rollst du die unteren vier Blätter zu Armen und Beinen auf und bindest sie mit einem Faden fest (Bilder rechts oben). Dafür muss das Blatt frisch sein! Das Gesicht malst du auf Papier und klebst es an den Blattstiel. Dann noch ein kleines rotes Blatt als Mütze und Hagebutten als Schuhe ankleben.

1

Ein Blatt aufrollen und ein Ende mit einem Faden umwickeln und verknoten.

2

Ein zweites Blatt aufrollen und an beiden Enden verknoten.

3

Die Blätter so zusammenbinden. Eine Hagebutte auf ein Holzstäbchen stecken und als Kopf auf das Blatt setzen.

Aus je zwei großen gerollten Blättern und Köpfen aus Hagebutten werden König und Königin. Mit der Spitze einer Schere kannst du die Gesichter in die Hagebutten ritzen. Das Hagebuttenkind liegt in einem Blätterbett.

Bunte Blätter

Mit frischen Blättern kannst du drucken oder Figuren zusammenkleben.
Sammle Blattformen, die dir besonders gut gefallen – und los geht's!

Lege das Blatt auf eine Malunterlage, z. B.
altes Zeitungspapier. Bemale eine Seite des
Blattes mit Wasserfarbe und drücke die Seite
auf ein Blatt Papier. Ein weiteres Blatt Papier
legst du so auf das bemalte Blatt, dass es ganz
abgedeckt ist. Nun streichst du kräftig mit der
Handfläche darüber. Dann hebst du das Blatt
Papier wieder hoch und ziehst das Blatt vom
Untergrund ab – fertig ist der Blätterdruck!

Das kannst du ein paar Mal wiederholen.
Wenn die Farbe trocken ist, kannst du deine
Blätterdrucke noch bemalen oder bekleben.

Zwei Ahornblätter bilden die Flügel dieses Blätterlings. Den Körper für den Falter malst du auf ein Stück Pappe, schneidest ihn aus, klebst einen Kopf darauf und vielleicht noch einen Hut aus einem Stück Kastanienschale. Dann einen Zahnstocher in der Mitte durchbrechen und als Fühler in den Hut stecken.

Ahornblätter gibt es in verschiedenen Formen.

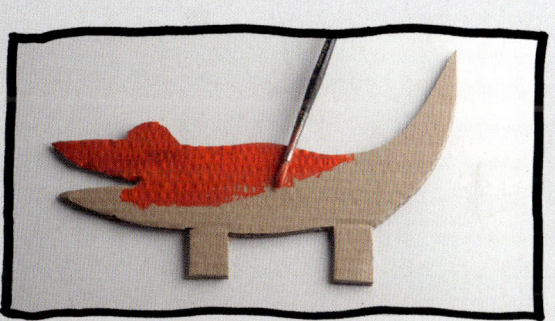

Die Drachenform mit einem Cutter aus Pappe ausschneiden und rot anmalen.

Blätter mit gezackten Rändern sehen aus wie die Schuppen eines Drachen. Befestige sie mit Stecknadeln am Drachenkörper. Krallen, Auge, Zähne und Zunge des Drachen sind aus Papier.

Spiele aus Naturschätzen

Käferrennen

Einige ungefähr gleich große und möglichst flache Steine als Käfer anmalen. Die Rennstrecke so wie hier auf ein großes Stück Pappe zeichnen.

Jeder Mitspieler bekommt drei Käfer und lässt sie der Reihe nach mit einem Schubs vom Startpunkt aus die Pappe entlangrutschen. Am Ende werden die Punkte zusammengezählt. Doch Vorsicht! Wer über den Rand hinausschießt, bekommt für diesen Wurf gar keine Punkte. Je länger die Pappe, desto schwieriger wird es.

Zapfen-Kegeln

1 Neun Tannenzapfen bekommen Augen, Münder und Füße aus Knete. Acht Kegeln setzt du kleine Papierhüte auf. Wie du solche Hüte faltest, steht auf Seite 14/15. Der König bekommt eine Krone aus Goldpapier. Die Kegel werden rund um den König aufgestellt.

Kletten-Dart

Aus vier unterschiedlich großen Filzkreisen klebst du eine Dartscheibe zusammen. In die Mitte kommt ein Filzherz. Die Punkte schreibst du mit einem Filzstift auf die Scheibe.

Dann hängst du die Filz-Dartscheibe auf und versuchst, die Scheibe aus einer bestimmten Entfernung mit den Kletten zu treffen. Jeder Mitspieler darf dreimal werfen, dann werden die Punkte zusammengezählt. Wer die meisten Punkte hat, hat gewonnen. Oder auch derjenige, der zuerst das Herz trifft!

Kletten in verschiedenen Größen findest du an Wegrändern. Zunächst sind sie grün und stachelig. Im Herbst werden sie braun.

2 Für die Goldkrone in den oberen Rand eines Goldpapierstreifens Zacken schneiden, den Streifen aufrollen und zusammenkleben.

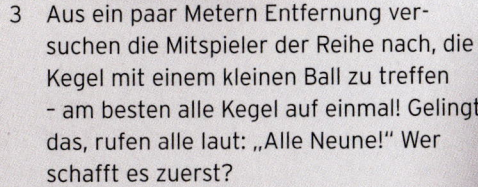

3 Aus ein paar Metern Entfernung versuchen die Mitspieler der Reihe nach, die Kegel mit einem kleinen Ball zu treffen – am besten alle Kegel auf einmal! Gelingt das, rufen alle laut: „Alle Neune!" Wer schafft es zuerst?

Nachts im Wald

Moos-Monster

Nuss-Käfer

Stein-Mäuse

Grasrispen-
Raupen

Ahornfrucht-Falter

Blüten-
Prinzessin

Walnussschalen-
Froschkönig

Schilfschwanz-Fuchs

Stoff

Stoffe trägst du als Kleidung an deinem Körper, aber sie sind auch besonders vielfältige Bastelmaterialien. Dein T-Shirt und deine Hose hat auch mal jemand „gebastelt", also geschneidert und verziert. Es gibt Baumwollstoffe, Seidenstoffe, Satin, Brokatstoff, Filz, Wolle, Plüsch ...

Und was du damit machen kannst, erfährst du auf den nächsten Seiten.

STOFF

kannst du ...

kleben

binden

schneiden

nähen

bemalen

reißen

aufwickeln

... und noch vieles mehr!

103

Kleine Geschenke

Aus Filz lassen sich schöne Bilder und Geschenke nähen und kleben, wie z. B. ein Herzkissen, ein Glücksschwein, ein Kaktus oder ein Nadelkissen-Igel.

Zum Besticken einen Faden mit einer Nadel wellenförmig von oben und unten durch den Stoff ziehen.

Beide Herzen übereinanderlegen und die Ränder zusammennähen.

Den Körper und die Ohren des Glücksschweins schneidest du aus Filz aus und klebst sie auf ein Stück Rupfen (siehe Seite 112). Nähe zwei kleinere Knöpfe als Augen und einen großen Knopf als Schnauze an. Den Mund stickst du mit rotem Stickgarn unter den großen Knopf und klebst Apfelbäckchen daneben.

Für das Herzkissen zwei gleich große Herzen aus Filz ausschneiden und besticken. Dann an den Rändern bis auf eine Öffnung zusammennähen. In die offene Seite füllst du Watte oder duftende Kräuter hinein (z. B. Lavendel oder Kamille). Jetzt kannst du das Kissen ganz zunähen.

Den Kaktus aus zwei grünen Filzstücken zusammennähen und in einen kleinen Blumentopf
setzen. Eine Blüte aus Filz ausschneiden und mit
einer Stecknadel feststecken. Die Stacheln sind
aus Stecknadeln. Du kannst den Kaktus auch als
Nadelkissen verwenden.

Der Kaktus besteht
aus diesen Filzstücken
und Watte.

Für den Nadelkissen-Igel nähst du zuerst die
langen Seiten der beiden Dreiecke (siehe Bild)
zusammen. Dann faltest du den braunen Körper
in der Mitte und nähst ihn an den Kopf. Zum
Schluss nähst du die anderen Kanten zusammen.
Die Watte nicht vergessen! Der Igel hat eine Perle
als Nase, einen Mund aus Filz und Knopfaugen.

Aus diesen Teilen
besteht der Igel.

Fritz und sein Sockenpferd

Fritz kannst du aus Filzstücken zusammenkleben oder -nähen. Und irgendwo fliegt bei euch zu Hause bestimmt noch eine einzelne Socke herum, aus der du sein Sockenpferd basteln kannst.

Aus diesen Teilen den Körper der Figur zusammennähen.

So sieht das ganze Sockenpferd aus.

Du kannst auch viele andere Sockentiere basteln, z. B. einen Hund.

Stopf die Socke mit Watte aus. Nähe dem Hund Schlappohren, einen Schwanz und Beine aus Filz und eine dicke Perle als Schnauze an.

1 Klebe die großen Filz- und Stoffstreifen wie im linken Bild übereinander. Wenn der Klebstoff trocken ist, nähst oder klebst du die äußeren Kanten zusammen. Oben an der Mütze lässt du eine Öffnung, dort stopfst du die Watte hinein. Damit sie auch in alle Ecken kommt, nimmst du am besten eine Stricknadel zu Hilfe.

2 Arme, Hände und Schuhe ausschneiden und ankleben.

3 Die Mütze oben mit einem Band zubinden und Augen, Nase und Mund aufkleben.

4 Mit einer Stopfnadel schwarze Wolle als Haare annähen.

5 Für das Pferd die Socke mit Watte ausstopfen, ein Maul und Ohren aus Filz aufkleben, Knopfaugen und eine Mähne aus Wolle annähen.

Der fliegende Teppich

Aus Stoffstreifen kannst du in einem Schuhkartondeckel einen Teppich weben. Dafür brauchst du viele Stoffreste, die du in lange, schmale Streifen reißt, zusammenknotest und zu einem Knäuel aufwickelst. So entsteht ein Stoffball, der übrigens auch zum Spielen geeignet ist!

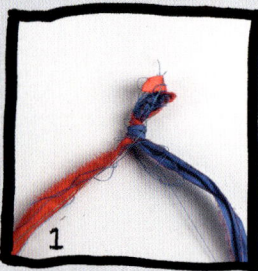

So die einzelnen Streifen zu einem langen Streifen zusammenknoten.

Zu einem Knäuel aufwickeln.

Mit einem Cutter in die kurzen Seiten des Kartondeckels Schlitze schneiden. Es sollten sich immer zwei Schlitze gegenüberliegen.

Jeweils durch zwei gegenüberliegende Schlitze einen dicken Faden spannen und die Enden unter dem Deckel verknoten, sodass die Fäden stramm sind.

Mit dem Knäuel auf und ab durch die gespannten Fäden weben, ...

... bis der Streifen aufgebraucht ist.

7 Nach dem Weben ziehst du die Fäden vom Deckel ab und verknotest sie an den Enden des Teppichs. Die Fransen lässt du einfach herunterhängen.

Die Heiligen Drei Könige

Die Weisen aus dem Morgenland folgen dem Stern, der sie zur Krippe nach Bethlehem führt. Sie haben prächtige Kleider an und das Kamel trägt Geschenke auf dem Rücken. Weißt du, welche drei Geschenke das sind?

Den Kamelkörper und die Beine aus Pappe ausschneiden. Beine an den Körper kleben und mit Klammern fixieren, bis der Klebstoff trocken ist.

Die Beine der Könige sind aus Klammern, auf denen sie später stehen können.

Du brauchst glänzende Stoffreste, Geschenkbänder, Filz, Pappe, Stecknadeln und Klebstoff,
um die Figuren zu basteln.

Zuerst malst du die Gesichter auf Pappe. Dann
schneidest du die Stoffstücke zurecht und klebst
oder steckst sie an der Pappe fest. Auch die
Klammern kannst du mit Stoff bekleben. Unten
an die Klammern klebst du Filzschuhe. Aus den
Geschenkbändern wickelst du die Gürtel und
den Turban.

Das Kamel ist mit aufgerollten Filzstücken bepackt,
die du mit Fäden zusammenknotest und auf dem
Kamelrücken befestigst. Damit das Kamel gut steht,
biegst du die Beine unten etwas auseinander.

Rupfenmaske

Aus Rupfen, Sackleinen oder Jute kannst du ganz leicht einzelne Fäden herausziehen.

Auf diese Weise entstehen Muster im Stoff. Ziehe mit einer Nadel farbige Fäden durch die neu entstandenen Reihen, dann werden die Muster noch schöner.

1 Für die Maske schneidest du ein Stück Rupfen zurecht. Es sollte so groß sein, dass es dein Gesicht bedeckt.

2 Die Fäden vom oberen Rand abziehen.

3 Mit dem Finger Löcher für die Augen bohren.

4 Den Mund ausschneiden.

5 Mit Stickgarn um die Löcher herumnähen. So fransen sie nicht weiter aus.

6 Du kannst deiner Maske Ohren annähen und eine Nase aus einem gerollten Stück Stoff oder eine Zunge aus Filz ankleben.

7 Seitlich an die Maske zwei Bindfäden knoten. Damit kannst du die Maske um deinen Kopf binden.

Stoffpuppen

Diese Püppchen bestehen aus gerollten hellen Stoffstreifen, die du zusammenbindest. Falte den längeren Streifen einmal über die Mitte, sodass die offene Seite nach unten zeigt. So bekommt die Puppe zwei Beine.

Den kürzeren Streifen so durch den längeren stecken und zusammenbinden.

Für die Haare einen langen Wollfaden um drei Finger oder die ganze Hand wickeln, herunternehmen und in der Mitte mit einem Wollfaden verknoten.

Die so entstandene Fliege an den Kanten aufschneiden.

Ein weiteres Wollbüschel quer über das erste legen und auf den Kopf kleben.

Kleid aus einem Stück Stoff ausschneiden.

Kleidung

Ein Kleid schneidest du wie auf dem Bild ganz links unten zurecht. In die Mitte kommt ein Loch für den Kopf. Nähe oder klebe das Kleid direkt an der Puppe fest.

Aus Wolle, die du um Körper und Arme der Puppe wickelst, wird ein dicker Winterpullover.

Diese Teile für die Hose zuschneiden und direkt an die Beine nähen.

Kuschelkatze

Aus Wolle und Watte kannst du diese Kuschelkatze wickeln und zusammennähen. Je nachdem, wie viel Wolle du hast, bekommst du eine kleinere oder eine größere Katze. Aber lass noch etwas Wolle übrig, denn Katzen spielen gern mit Wollknäueln!

1 Watte zu einem Knäuel zusammen-knüllen und die Wolle locker darum-wickeln.

2 So lange wickeln, bis die Watte nicht mehr zu sehen ist. Dieses Knäuel ist der Kopf. Ein zweites Knäuel etwas größer wickeln. Das ist der Körper.

3 Aus weißer Wolle vier kleine Pfoten wickeln.

4 Für den Schwanz ein längliches Stück wickeln.

5 Alle Fadenenden gut feststecken ...

6 ... und die Teile zusammennähen.

Die Katze hat Ohren, Augen und eine Nase aus Filz.
Male die Pupillen mit einem Filzstift in die Augen. Ziehe
mit einer Stopfnadel weiße Fäden als Schnurrhaare
durch den Kopf und sticke einen roten Mund auf.

117

Boris Bär und seine Freunde

Boris Bär und seine Freunde sind wie die Katze von Seite 117 aus Wolle gewickelt, mit Wollkugeln für Körper und Kopf und länglichen Wollknäueln für Arme und Beine.

Ohren und Schnauze des Bären sind ebenfalls kleine Wollknäuel. Nase und Mund stickst du auf, die Knopfaugen werden angenäht.

Die Maus bekommt eine Schnauze aus Filz. Wie du die bastelst, steht auf Seite 20. Auf das Mausknäuel nähst du Ohren und kleine Füße und klebst einen Schwanz an.

Der Hase hat Ohren, Arme und Beine aus weißem Filz. Augen und Nase sind kleine Perlen, die du ankleben oder annähen kannst.

Der Marienkäfer besteht aus einem größeren roten und einem kleineren schwarzen Wollknäuel. Die Punkte stickst du mit schwarzer, den Mund mit roter Wolle auf. Die Augen sind klitzekleine weiße Filzstücke.

So sieht das Küken von der Seite aus. Es besteht aus zwei kleinen gelben Knäueln. Kamm, Schnabel und Füße sind aus orangefarbenem Filz angeklebt.

Der Käfer bekommt noch sechs Krabbelbeine aus Filz, die du unter den Körper klebst.

Das Krabbelspinnen-Spiel

Für dieses Spiel brauchst du schnelle Finger! Aber zunächst bastelst du dir eine Spinne. Sie besteht aus einem Wollknäuel und roten Pfeifenreinigern als Beinen.

Der Spinne Mund und Augen aus Filz ankleben. Mit einer Stopfnadel einen langen silbernen Faden durch den Mund ziehen und an der Spinne festknoten. Das andere Ende des Fadens knotest du an eine Wäscheklammer.

Und so geht das Spiel: Du lässt die Spinne am Faden herunterhängen. Auf ein Zeichen fängst du an, den Faden mit der Klammer aufzuwickeln, indem du die Klammer drehst. Ein Mitspieler misst mit einer Stoppuhr die Zeit, bis die Spinne oben angekommen ist. Dann tauscht ihr Klammer und Stoppuhr und der Nächste ist mit Wickeln dran. Bei wem krabbelt die Spinne am schnellsten nach oben?

Erst die Spinnenbeine so zusammenkleben und dann das Wollknäuel daraufkleben.

So stickst du das Spinnennetz.

Wenn du dein Zimmer mit einer Spinne schmücken möchtest, stickst du mit einem Silberfaden ein Netz auf ein Stück Filz und schneidest anschließend den Filz rund um das Netz aus. An ein Ende des Silberfadens knotest du die Spinne.

Knete

Nichts lässt sich so einfach und gut formen wie Knete! Es gibt sie in allen Regenbogenfarben. Manche Sorten kannst du immer wieder aufs Neue verwenden, andere trocknen an der Luft und werden fest.

Und was du damit machen kannst, erfährst du auf den nächsten Seiten.

KNETE

kannst du ...

rollen

formen

ausstechen

kugeln

um den Finger wickeln

bekleben

ausschneiden

... und noch vieles mehr!

Jede Menge Kugeln

Auf einer glatten Fläche oder zwischen den Handflächen kannst du Knete zu Kugeln rollen. Aus Knetmasse, die an der Luft trocknet, lassen sich Murmeln formen. Wälze sie vor dem Trocknen in Pailletten oder kleinen Perlen, dann glitzern sie schön bunt.

Auch für eine selbst gemachte Perlenkette ist lufttrocknende Modelliermasse wunderbar geeignet. Bevor die Masse trocken ist, stichst du mit einem Zahnstocher ein Loch durch die Kugeln. Dann lässt du sie über Nacht trocknen und fädelst sie zu einer Kette auf.

Stecke einen Zahnstocher in eine Kugel, dann hast du einen Lutscher oder – mit ein paar angeklebten Blättern aus Papier – eine Kirsche. Essen darfst du sie natürlich nicht!

Du kannst auch ein paar kleine Enten formen oder andere kugelrunde Tiere.

Schlangen

Um Schlangen zu rollen, brauchst du ebenfalls eine glatte Fläche. Aus den Schlangen lassen sich Buchstaben, Schnecken und viele andere Dinge formen.

Sterntaler

Knete kannst du wie Plätzchenteig auf einer glatten
Fläche platt drücken und mit einem Nudelholz ausrollen.
Mit Ausstechförmchen stichst du Sterne, Tannen und
den Mond aus. Sterntaler formst du aus platt geklopfter
Knete. Dann setzt du dein Bild auf Tonpapier zusammen.

Heute ist Markttag!

Aus weicher Knete lassen sich ganz leicht alle Obst- und Gemüsesorten formen. Lege deine Waren in die Innenteile von Streichholzschachteln, die du mit Seidenpapier auskleidest.

Der Marktstand ist aus Pappe, die du auf einen festen Untergrund wie z. B. Tonkarton klebst. Darüber kommt eine gestreifte Markise aus Papierstreifen. Die Marktfrau ist aus Knete.

Wie wäre es mit Brezeln und kleinen Kuchen für einen Bäckerstand?

Oder mit kleinen Fischen für einen Fischhändler?

Aus einem dreieckigen Stück Packpapier faltest du eine Tüte. Falte einfach zwei Ecken übereinander und klebe die Kanten zusammen.

Mmmh ... mein Lieblingsessen!

Heute kommt nur das auf den Teller, was du magst! Serviere dein Leibgericht auf einem Pappteller oder in Muffinförmchen. Aber denk dran: Nur anschauen, nicht essen!

Gelbe Knete durch eine alte Knoblauchpresse drücken – fertig sind die Spaghetti! Rechts oben werden sie mit Tomatensoße serviert.

Dieses Würstchen mit Senf und Ketchup ist vom Original kaum zu unterscheiden!

Für das Spiegelei weiße Knete platt klopfen
und darauf einen gelben Eidotter setzen.
Dazu gibt es einen Salat.

Einen gelben Streifen Knete zu einem rechteckigen Block formen und mit
dem Messer in Streifen schneiden. Das sind Pommes. Vielleicht magst du
aber lieber Kroketten, Salzkartoffeln oder Kartoffelbrei?

Erbsen lassen sich ganz leicht aus grüner Knete rollen. Oder landet auf
deinem Teller ein anderes Gemüse vom Marktstand?

Ein Nachtisch
darf nicht fehlen!

Fingertheater

Aus lufttrocknender Modelliermasse kannst du unendlich viele verschiedene Figuren für ein Fingertheater formen. Dazu nimmst du einfach einen Klumpen dieser Masse und steckst sie über einen Finger. Dann fängst du an zu modellieren, ein bisschen wie ein Bildhauer: Kopf, Ohren, Nase ... Was wird deine erste Figur? Ein Tier, ein Mensch oder eine Märchengestalt? Ist die Form fertig, nimmst du sie vorsichtig vom Finger und lässt sie an einem warmen Ort trocknen.

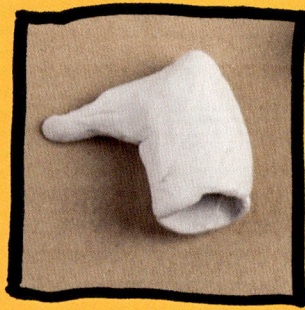

So könnte deine Figur aussehen, wenn du sie vom Finger genommen hast.

Das wird ein Elefant! Stecke Zahnstocher als Stoßzähne in das noch feuchte Material. So sitzen sie nach dem Trocknen fest im Kopf.

Wenn die Figuren trocken sind, kannst du sie bemalen, mit Kleidern aus Filz- oder Krepppapierstreifen bekleben und ihnen Haare aus Wolle oder eine Kopfbedeckung ankleben.

Du kannst auch ein Röhrchen aus Papier in den Kopf stecken und mittrocknen lassen. Zum Spielen steckst du einen Finger in das Röhrchen.

Verziere deine Figuren mit Federn oder anderem Schmuck, den du an das Röhrchen oder an den Kopf klebst.

Stille Nacht

Lufttrocknende Modelliermasse gibt es meist in Blöcken zu kaufen. Schneide diese Blöcke für die Häuser von Bethlehem einfach in verschieden große rechteckige Stücke und lass sie trocknen. Den Torbogen setzt du auf zwei Blöcke.

Tipp

Wenn du die Finger etwas anfeuchtest, lässt sich die Modelliermasse schön glatt streichen!

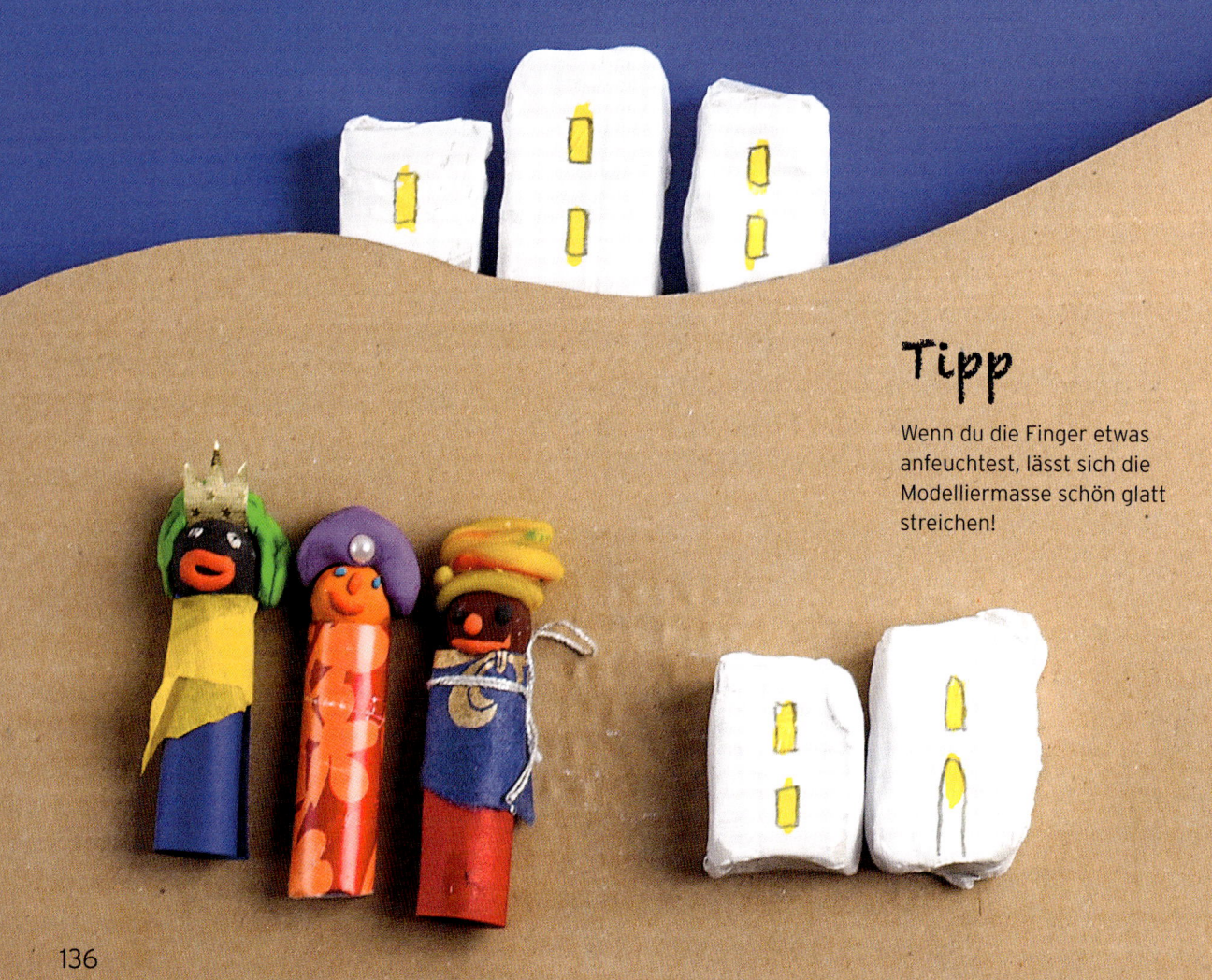

1

Für die Figuren je einen
Papierstreifen aufrollen
und an den Kanten zu-
sammenkleben. Die
Klebestellen mit einer
Büroklammer fixieren, bis
der Klebstoff trocken ist.

2

Köpfe und Kopfbedeckungen aus
Knete formen und oben auf die
Papierrollen setzen.

Alles Knete oder was?

Aus Knete kannst du nicht nur ganze Spielwelten formen, wie z. B. diese Meeres-
bewohner, sondern auch andere Materialien wie Steine oder Nüsse damit verändern.

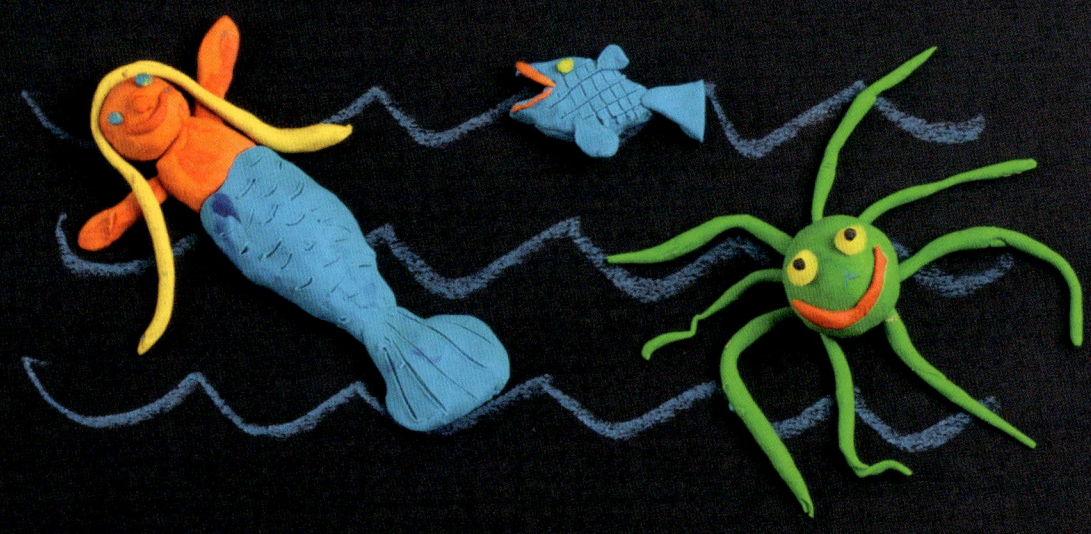

Im Wald, da haust ein Nusszwerg, der seine Pilze bewacht.
Ob die Maus davon genascht hat?

In den Bergen hüpfen Steinböcke über die Felsen.
Sammle zuerst ein paar Steine, die du bemalst und
auf einen Untergrund klebst. Dann formst du Hörner
und Beine aus Knete und legst oder klebst die Teile
an die passenden Stellen.

Kork

Kork gibt es in Platten und als Korken, mit denen man Flaschen verschließt. Korken eignen sich prima zum Spielen. Du kannst mit ihnen immer neue Figuren legen und sie als Spielsteine benutzen. Der weiche Kork ist aber auch ein tolles Bastelmaterial, das sogar auf dem Wasser schwimmt.

Und was du damit machen kannst, erfährst du auf den nächsten Seiten.

KORK

kannst du ...

schneiden

zusammen-
stecken

kleben

bemalen

als Stempel
benutzen

schwimmen
lassen

... und
noch
vieles
mehr!

Cowboys ...

Auf ihren Pferden reiten die Kork-Cowboys durch die Prärie. Um
diese Figuren zu basteln, brauchst du Flaschenkorken, Streichhölzer, Filz und Klebstoff und als Werkzeug ein Messer oder einen
Cutter sowie einen Holzbohrer. Mit Kork zu basteln braucht etwas
Übung, vielleicht kann ein Erwachsener dir anfangs beim Schneiden und Bohren helfen.

Dem Cowboy zwei Beine aus einem halbierten
Korken ankleben. Aus einem Stück Filz einen Hut
ausschneiden. Das Loch in der Mitte muss so groß
sein, dass du es über den Korken streifen kannst.
Den Hut am Korken festkleben.

1 Für das Pferd einen Korken der Länge nach durchschneiden. Eine Hälfte wird der Hals, die andere der Kopf. Der Kopf muss etwas kürzer sein, schneide also noch ein Stück davon ab.

2 Den Kopf an den Hals kleben, den Hals an einen zweiten Korken kleben. Für besseren Halt eventuell mit Stecknadeln fixieren.

3 In den Bauch von unten vier Löcher vorbohren und vier Streichholzbeine hineinstecken.

4 Ohren aus Filz und eine Mähne und Zaumzeug aus Wolle ankleben.

Den Reiter aus einem Korken und diesen Filzteilen zusammenkleben und auf das Pferd kleben.

... und Indianer

Das Pferd und die Indianerfiguren werden genauso gebastelt wie die Figuren auf Seite 144/145. Die Indianer bekommen anstelle des Hutes schwarze Haare aus Krepppapier, Filz oder Wolle und ein Stirnband.

Für die Squaw klebst du zwei Korken übereinander. Das Indianerkind besteht aus nur einem Korken. Kleide die beiden Figuren mit Filz oder Jute ein. Die Gesichter lassen sich am besten mit Filzstiften aufmalen.

Der Marterpfahl ist aus vier Korken zusammengeklebt. Bemale den Pfahl und klebe Augen,
Nase, Ohren und Flügel aus Filz an.

Dieses Floß besteht aus zwölf Korken.
Du kannst auch ein viel größeres Floß aus
noch mehr Korken basteln! Lass es auf
einem Teich, in einer Pfütze oder auch in
der Badewanne schwimmen.

So die Korken zu-
sammenkleben. In die
Mitte ein kleines Stück
Korken für den Mast
kleben.

Aus einem Stück Jute ein Segel ausschneiden
und mit Filzstreifen bekleben. Ein Holzstäbchen durch den oberen Stoffrand ziehen und
ein weiteres durch die Mitte des Segels und
auf das Floß stecken.

Zwerglein, hüpf!

Für dieses Spiel brauchst du eine quadratische Eierpappe, die
du in vier verschiedenen Farben anmalst. Dann bastelst du
16 Zwerge aus Korken, je vier in der entsprechenden Farbe des
Kartons. Dafür beklebst du das untere Drittel eines Korkens mit
einem farbigen Streifen. An den oberen Rand klebst du einen
Streifen Krepp- oder Seidenpapier in derselben Farbe. Dann
drehe den Streifen zu einer Zipfelmütze zusammen. Gesichter
brauchen die Zwerge natürlich auch noch.

1   Und so wird gespielt:
     Jeder Mitspieler sucht sich
     Zwerge in einer Farbe aus
     und bekommt einen Löffel.
     Der erste Zwerg wird auf
     den Löffelstiel gestellt.

2   Nun wird mit Schwung auf
     den vorderen Teil des Löffels
     gehauen, sodass der Zwerg
     durch die Luft fliegt. Landen
     soll er in der passenden Farbe.
     Wer die meisten Treffer hat,
     gewinnt!

Alles schwimmt!

Kork schwimmt sehr gut auf dem Wasser. Deshalb eignet er sich für alle Figuren, die sich im und auf dem Wasser tummeln. Benutze zum Anmalen der Figuren wasserfeste Farben, dann kannst du sie immer wieder schwimmen lassen.

1   Für die Enten die Korken weiß anmalen.

2   Aus Tonpapier Entenköpfe ausschneiden und die Schnäbel gelb anmalen.

3   Mit dem Cutter Schlitze oben in die Korken schneiden und die Entenköpfe hineinstecken.

4   Kleine Ringschrauben von unten in die Korken drehen und Perlen oder kleine Steine daranbinden. Dadurch werden die Korken tiefer ins Wasser gezogen und schwimmen noch besser.

Diese Figur schwimmt aufrecht, wenn du zwei Schrauben unten in den Korken drehst. Der Kopf ist eine bemalte Wattekugel. Die Arme sind aus Moosgummi, Streichhölzer eignen sich auch.

Die Nixe und den Fisch zeichnest du auf eine Korkplatte und schneidest sie mit dem Cutter oder einer Schere aus (siehe Seite 155). Male sie mit wasserfesten Farben an und beklebe sie mit Glitzersteinen oder Pailletten. Du kannst auch Perlen hineinstecken. Die Nixe bekommt Haare aus Lametta, das darf ruhig nass werden und schwimmt ebenfalls gut.

Familie Kork

Aus Kork kannst du die verschiedensten Männchen basteln. Du brauchst dafür Korken, ein Messer oder einen Cutter, Stecknadeln, Schrauben, Farben, Filz und Papier. Hier sind ein paar Beispiele. Vielleicht sieht deine Korkfamilie aber auch ganz anders aus!

Wenn du Korken in Scheiben schneidest, erhältst du Köpfe oder auch Räder, z. B. für einen Kinderwagen. Halbierte Korken dienen als Arme und Beine. Die Korkenteile kannst du zusammenkleben und mit Stecknadeln fixieren, bis der Klebstoff getrocknet ist.

Oder du bohrst Löcher mit einem Holzbohrer vor und verbindest die Korken mit Streichhölzern. Die kannst du auch als Arme und Beine verwenden. Schrauben sind ebenfalls dafür geeignet.

Aus diesen Teilen ist die Frau zusammengeklebt.

Und so klebst du den Mann.

In diesem Haus wohnt Familie Kork. Die Figuren kannst du bemalen und mit Filz oder Papier bekleben. Der Kinderwagen besteht aus einer Streichholzschachtel mit Korkrädern.

Meine Lieblingstiere

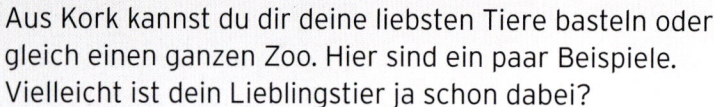

Aus Kork kannst du dir deine liebsten Tiere basteln oder gleich einen ganzen Zoo. Hier sind ein paar Beispiele. Vielleicht ist dein Lieblingstier ja schon dabei?

Die Köpfe der Pinguine sind aus Wattekugeln. Schnäbel, Flügel und Füße klebst du aus Buntpapier an.

Der Flamingo hat lange Schraubenbeine und einen Schnabel aus gerolltem Papier.

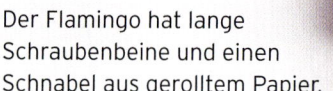

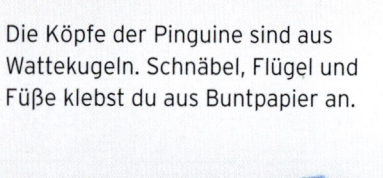

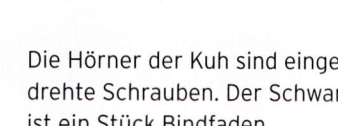

Die Hörner der Kuh sind eingedrehte Schrauben. Der Schwanz ist ein Stück Bindfaden.

Die drei kleinen Schweinchen haben Filzohren und Ringelschwänze und stehen auf Streichholzbeinen.

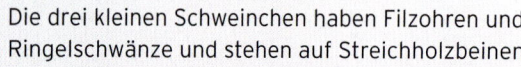

Der Igel ist aus einer Korkplatte ausgeschnitten und
mit Stacheln aus Stecknadeln
gespickt.

Der Hase bekommt
lange Ohren, Beine
und Arme aus Filz.

Für den Kopf der Katze schneidest du
eine Scheibe von einem Flaschenkorken
ab und steckst sie auf den Körper.

Der Elefant wird grau angemalt
und bekommt Zähne aus Zahnstochern. Ist es ein Zirkusele-
fant? Dann klebe ihm noch eine
Decke aus Filz an!

Den Elefanten auf die
Korkplatte malen.

Mit dem Cutter
ausschneiden.

Mit Korken stempeln

Korken eignen sich prima zum Stempeln!
Am besten nimmst du einen Pappteller
und kleckst verschiedene Farben darauf.
Für jede Farbe nimmst du einen Korken,
tauchst ihn hinein und stempelst los.

Mit weißer Farbe auf dunklem Seidenpapier kannst du einen Schneemann
stempeln. Wenn du den ganzen Bogen
vollstempelst und die Farbe getrocknet ist, hast du ein schönes Geschenkpapier selbst gemacht.

Motive für Glückwunsch- oder Einla-
dungskarten stempelst du auf festen
Karton. Ist die Farbe getrocknet, kannst
du mit dem Pinsel oder mit Filzstiften
noch etwas dazumalen oder -schreiben.

Wohin geht die Fahrt?

Aus Korken lassen sich alle möglichen Fahrzeuge basteln, die auf der Straße, auf Schienen und im Wasser unterwegs sind.

Die Loks und die Waggons sind mit einem Zahnstocher verbunden, die Räder mit Stecknadeln befestigt. Alle anderen Teile klebst du zusammen.

So sieht das Rennauto aus, bevor es angemalt ist. Für die Schnauze des Wagens einen Korken diagonal durchschneiden und mit dem Messer etwas anspitzen.

Für das Schiff aus einer Korkplatte fünf- oder sechsmal die gleiche Form ausschneiden.

Alle Platten übereinanderkleben und vier ganze und einen halbierten Flaschenkorken so auf den Schiffsrumpf kleben.

Für die Räder schneidest du
mit dem Cutter einen Korken
in Scheiben. Pikse sie mit
Stecknadeln an das Auto. Der
Kopf des Rennfahrers ist eine
Wattekugel.

3 Das Schiff bekommt eine Reling
aus Zahnstochern und Bindfaden.
Jetzt kannst du es noch anmalen.

159

Aufgepasst!

Sei beim Basteln immer vorsichtig, besonders, wenn du mit Cutter, Hammer, Nägeln, Holzbohrer oder einer Säge hantierst. Aber auch Papier hat scharfe Kanten, an denen du dich schneiden kannst. Achte immer darauf, wie und wo du deine Finger platzierst, und halte Werkzeuge nie in die Richtung von Menschen. Auch beim Umgang mit Schere oder Schraubenzieher heißt es: Übung macht den Meister! Je öfter du bastelst, desto sicherer wirst du. Trotzdem sollte immer ein Erwachsener in der Nähe sein und dir anfangs auch helfen.

Basteln ist ein großer Spaß! Lass dich deshalb nicht entmutigen, wenn du beim Hämmern einmal den Daumen triffst oder wenn ein Schnitt danebengeht. Das ist auch den größten Bastelmeistern schon passiert! Sollte mal ein Finger bluten, dann informiere einen Erwachsenen. Spüle das Blut mit kaltem Wasser ab, trockne den Finger mit einem sauberen Tuch und klebe ein Pflaster auf die Wunde.

Hallo!

Mein Name ist Sabine Lohf. Hier siehst du mich in meinem Atelier. Dort habe ich mir alles, was du in diesem Buch findest, ausgedacht, habe gemalt, gebastelt und fotografiert.

Basteln und Malen haben mir schon als Kind großen Spaß gemacht und deshalb wollte ich das auch als Beruf machen. Am liebsten sofort! Aber das hat dann noch eine Weile gedauert, denn ich musste ja erst mal zur Schule gehen. Nach dem Abitur habe ich in Berlin Malerei, Grafik und Fotografie studiert.

Mittlerweile habe ich schon viele Bücher gestaltet. Und das Basteln macht mir immer noch genauso viel Spaß wie als Kind!

Mehr über mich findest du unter www.sabine-lohf.de